해외구매대행
파괴자들

해외구매대행 파괴자들

펴낸날   2024년 1월 10일 1판 1쇄

지은이   안영신
펴낸이   정병철
펴낸곳   도서출판 휴먼하우스

등 록   2004년 12월 17일(제313-2004-000289호)
주 소   서울시 마포구 토정로 222 한국출판콘텐츠센터 420호
전 화   02)324-4578
팩 스   02)324-4560
이메일   humanhouse@naver.com

GUPAS

해외 상품을 스마트스토어, 쿠팡, 오픈마켓에
자동으로 판매하자!

글로벌셀러창업연구소 **안영신** 지음

해외구매대행
파괴자들

휴먼
하우스

 **머리말**

코로나 팬데믹 이후 온라인 부업 열풍이 불고 있다. 해외구매대행 창업도 그중 하나다. 해외직구 시장이 활성화되고 점점 커지면서 해외직구를 활용한 해외구매대행 시장도 같이 커지고 있다.

요즘 유튜브, 온라인 강의 플랫폼 그리고 펀딩 사이트를 보면 해외구매대행 강의나 솔루션 판매에 대한 홍보물이 많은 인기를 끌고 있다. 이제 해외구매대행 창업도 확실히 하나의 사업 아이템으로 자리 잡고 있는 것 같다.

이러한 열풍은 해외구매대행 사업의 확장성 면에서 긍정적인 측면이 있지만 부정적인 측면 또한 있다. 쉽게 돈을 벌 수 있다는 무분별한 강의나 광고만 믿고 준비도 없이 시작하는 사람이 너무나 늘어났다. 이렇게 무턱대고 창업한 사람들의 이야기를 들어보면 해외구매대행업을 온라인 유통 사업이라고 생각하지 않고 무조건 돈만 벌면 된다는 생각을 가지고 있는 경우가 많다. 고객을 생각하지 않고 나 몰라라 하는 식으로 판매하는 것을 보면서, 피해를 보는 소비자들이 해외구매대행 사업 전체를 부정적인 시각으로 볼까 봐 우려스러운 면도 없지 않아 있다.

해외구매대행 사업을 제대로 시작하기 위해서는 사업자명 선정, 사업자등록, 구매안전서비스이용확인증 발급, 통신판매업신고증 발급, 사업자통장 개설, 해외직구카드 개설, 각 오픈마켓 글로벌셀러 판매자 가입, 아이템 시장조사, 해외 소싱처 발굴, 이미지 캡처, 상세페이지 작업, 오픈마켓 상품등록, 주문 확인, 해외직구, 배대지 작성, 국내 배송, 고객 응대 등과 같은 프로세스를 거쳐야 한다.

이렇게 많은 일들을 부업으로 과연 할 수 있을까?

또 제대로 공부하지 않고 시작한다면 결국 아이템 소싱과 마케팅 능력에 따라 매출이 차이가 날 것인데, 아이템 소싱은 어떻게 할 것인가? 대충 골라서 올리면 팔릴까?

전혀 그렇지 않다. 필자가 단언하건대 공부하지 않고 무턱대고 시작하면 6개월 이내에 시간만 낭비하고 그만두게 될 것이다.

그런데 이런 복잡한 프로세스의 해외구매대행 사업에서 부업으로 하루 3~4시간 투자해서 한 달 순이익 300만 원 이상 버는 사람들이 있다. 이들은 과연 뭐가 다를까? 분명히 그들만의 노하우가 있을 것이다.

그들의 공통점은 팔린 만한 상품을 빠르게 찾아서 최대한 상품을 많이 등록한다는 것이다. 단순함에 비법이 있다.

○ 이 책에는 해외구매대행 프로세스를 최대한 자동화시켜서 최적의 효율로 매출이 빠르게 나올 수 있도록 하는 내용이 담겨 있다. 14년간 오직 해외구매대행 사업을 하면서 겪었던 경험과 노하우를 바탕으로 만든 결과물이다.

○ 이 솔루션을 이미 이용한 수많은 사람들은 빠르게 매출이 나고 있다. 여러분도 따라 해보면서 필자의 방법이 과연 해외구매대행 시장을 파괴할 정도의 위력이 있는지를 검증해보길 바란다.

필자가 항상 말하지만 해외구매대행 사업은 온라인 유통의 가장 기본적인 단계이다. 소자본 창업이 가능하고 누구나 할 수 있는 장점이 있어 빠르게 이커머스를 경험해볼 수 있는 사업이다. 하지만 제대로 된 사업을 하고, 더 많은 수익을 내기 위해서는 구매대행에서 끝나지 말고 경쟁력 있는 상품을 소싱해서 국내에 사입해서 팔아야 한다. 이러한 것을 인지하고 사업을 시작해야 한다.

하루가 다르게 트렌드가 변하고 있는 시대에, 판매자는 오직 경쟁력 있는 아이템 소싱에만 집중하고 나머지는 최대한 자동화로 세팅을 해야 한다. 필자가 만든 자동화 시스템을 활용해서 보다 많은 분들이 수익을 창출하길 진심으로 바란다.

＊＊＊

끝으로 필자가 이렇게 세 번째 책까지 출판하게 물심양면으로 도와주신 도서출판 휴먼하우스 대표님과 부족한 저를 항상 옆에서 도와주시는 조진형 이사님 그리고 구파스와 함께 해주시는 김민준 대표님께 다시 한번 진심으로 감사드린다.

그리고 언제나 필자를 믿고 응원해주시는 글로벌셀러창업연구소 카페 회원 여러분과 세상에서 제가 가장 사랑하는 우리 가족 백선희, 안수민, 안태민에게도 감사의 말씀을 전한다.

글로벌셀러창업연구소 안영신 소장

차례

내가 글로벌셀러창업 연구소를 만든 이유

그때,
안 소장이 되기 전

1998년 늦여름, 내 인생에서 스스로 땀 흘려 돈을 벌었던 첫 아르바이트는 수영 강사였다. 체육 교사를 꿈꾸며 전북대학교 사범대학 체육교육학과에 입학한 나는 집안 사정이 어려워 무조건 알바를 해야 했다. 그래서 대학 1학년 때 선배의 권유로 수상인명구조원 자격증을 땄고, 그 선배가 일하는 수영장에서 바로 알바를 시작했다. 당시 다른 친구들이 주로 하던 식당이나 PC방 알바보다는 수입이 괜찮은 편이었다. 겨울방학 때는 무주리조트에 들어가서 스키 패트롤 알바를 했다. 스키도 실컷 탈 수 있었고, 대학생치고는 돈도 꽤 많이 벌 수 있었다. 그렇게 대학 4년을 수영 강사와 스키 패트롤로 생계비를 벌면서 학교를 다녔다.

대학을 다니는 중에 군대를 가야 했지만, 일반 사병으로 입대하면 남은 가족의 생계가 힘들 정도로 형편이 어려웠다. 그래서 졸업 후 월급을 받으면서 군 복무를 할 수 있는 학사장교를 지원했다. 단기 학사장교의 임기는 3년이었는데, 나는 강원도 화천 7사단에 배치되어 급여를 받으면서 군 생활을 시작했다.

1년 6개월 정도 되었을 때 통장을 보니 800만 원 정도가 있었다.

월급은 꽤 되었지만 소대원들 맛있는 것도 사주고, 휴가도 자주 나가다 보니 저축한 돈이 얼마 되지 않았다. 돈도 생각만큼 모이지 않았고, 제대하면 바로 임용고시도 봐야 하는데 고민이었다. 그런 이야기를 선배 장교에게 했더니 돈도 벌고 공부도 하고 싶으면 최전방 GP장을 지원해보라고 했다. 생명수당도 나오고, GP 특성상 밤에 근무하면서 시간 활용만 잘하면 공부도 할 수 있다고 했다. 그래서 남들은 지원 안 하는 GP를 지원해서 근무했다. 그렇게 저축도 하고 임용고시도 준비한 후 제대를 했다.

제대 후 임용고시를 봤지만, 학원도 제대로 다니지 못한 채 시험을 봐서 그런지 좋은 결과를 얻지 못했다. 그래서 중학교 기간제 교사를 하면서 다시 임용고시를 준비했다. 하지만 일을 하면서 공부를 한다는 게 현실적으로 만만치가 않았다.

그러던 중에 군 생활을 같이 했던 선배 중대장이 찾아와 서울에서 같이 보험 영업을 하자고 제안했다. 나라면 누구보다 영업을 잘할 수 있고 돈도 많이 벌 수 있다고 하면서 6개월을 설득했지만, 나는 교사가 꿈이라서 거절했다.

그러던 어느 날 문득 이런 생각이 들었다.

내가 아무리 열심히 해도 공무원 급여는 정해져 있어서 많은 돈을 벌 수 없다는 것과 체육 교사는 학생들이 선생님으로 봐주지 않는 경향이 많다는 것. 돈도 많이 벌지 못하고, 보람도 긍지도 없다.

이런 결론이 내려지자 나는 주저 없이 상경했다.

"그래, 돈이라도 많이 벌자!"

더 이상 물러설 곳이 없었기에 선배가 알려준 방식대로 열심히 보험 영업을 했다. 한 달에 천만 원 이상 3년 동안 꾸준히 벌면서 나름 수입차도 타 보고 여행도 다니면서 즐겁게 살고 있었다. 그런데 매달 새로운 계약을 따내야 하는 스트레스가 사람을 지치게 했고, 무엇보다 일에 보람을 못 느끼니 재미가 없었다. 그럴 즈음 미국에서 서브프라임 모기지 사태가 터졌다. 그 여파로 고객들의 계약 해지가 이어지면서 수당으로 받은 돈을 반납해야 하는 상황들이 생겼다. 그래서 3년간의 보험 영업을 마무리하고 퇴사했다. 나만의 사업을 하기로 결심한 것이다.

막상 창업을 하려니 경험이라곤 강사와 기간제 교사, 보험 영업이 전부여서 어떤 아이템으로 해야 할지 도저히 감이 오지 않았다. 근 1년 동안 공부하면서 이런저런 사업 아이템을 찾아다녔다. 내가 어떤 일을 잘할 수 있을까에 대한 고민과 함께 초기에 소자본으로 할 수 있는 일을 찾아야 했다. 그러다 보니 찾은 것이 온라인 창업이었고, 지금의 글로벌셀러라는 직업을 초창기인 그때 알게 되었다.

글로벌셀러 창업을 결심하기까지 1년 동안 집에 생활비도 못 갖다 줄 정도로 힘들었다. 생계를 책임져야 한다는 가장으로서의 부담감은 사람을 더욱 조급하게 만들었고, 당장 돈 되는 것이라면 뭐라도 해야 하지 않을까 하는 걱정도 많았던 시기였다.

이 책을 읽고 있는 여러분 중에도 그때의 나처럼 상황이 어렵고 경제적으로 힘든 사람이 있을 것이다. 한 줄기 빛을 바라는 심정으로 이 책을 보고 있다면, 너무 조급해하지 말고 조금은 멀리 내다보라고 말하고 싶다. 이 책에서 이야기하는 해외구매대행과 글로벌셀러 사업도 엄연한 하나의 사업이고 창업 아이템인데, 책을 읽고 바로 직장인 월급 이상 번다고 생각해서는 안 된다. 그런 아이템은 없다. 아이템 소싱부터 상품 판매까지 배우고, 실천하고, 시행착오를 겪으면서 본인만의 방법을 터득할 때까지는 시간이 필요하다.

구매대행 쇼핑몰 매출
500억의 노하우

나는 2010년에 개인사업자로 시작해서, 2012년에 지금의 글로벌셀러창업연구소(주)를 설립했다.

처음에는 1인 글로벌셀러로 한국 상품을 해외 온라인에 팔거나 반대로 해외 상품을 한국에 판매하는 해외구매대행 사업을 시작했다. 이유는 단순했다. 재고에 대한 부담이 없었기 때문이다. 당시에는 경쟁자도 거의 없던 상태라 양방향 판매를 동시에 할 수 있었다.

그렇게 시작한 1인 글로벌셀러 사업이 조금씩 매출이 늘어나자 사업을 확장하고 싶은 마음이 생겼다. 그러던 차에 이 사업도 조금씩 경쟁자가 나오기 시작했다. 그래서 나만의 아이템을 찾아서 대량으로 수입해서 판매하게 되었다. 이렇게 해외구매대행을 시작으로 해서 병행수입, 독점 라이선스 취득 판매로까지 사업을 확장했다.

그러자 내가 하는 일이 신기했는지 노하우를 배우고 싶다는 문의들이 들어왔다. 그래서 교육을 시작했다. 유통으로 돈을 벌면서 교육도 하면 더 많은 돈을 벌 수 있겠다는 생각에서였다.

교육 사업은 처음부터 투명하게 해야겠기에, 지금의 글로벌셀러창업연구소(주) 법인을 만들고 글로벌셀러 창업 교육을 시작했다.

처음에는 1:1 교육을 했는데 카페 회원들이 늘어나고 해외구매대행 창업에 대한 관심이 많아지면서 그룹 강의까지 하게 되었다.

교육을 하다 보니 문제점이 보였다. 내 나름의 노하우를 알려줘도 결국 아이템 소싱과 상품등록은 회원들 본인이 해야 하는데, 거기서 실력 차가 났다. 개인마다 매출 차이가 컸고, 교육비만 날리고 포기하는 회원들도 있었다. 이유는 상품등록이 생각보다 시간도 많이 걸리고 어렵기 때문이었다. 그래서 개발팀을 뽑아 쉽고 빠르게 해외 상품을 등록할 수 있는 프로그램을 만들어 회원들에게 제공했다. 요즘 이야기하는 '반자동 솔루션'과 비슷한 것이었는데, 이 솔루션은 전 세계 대부분의 쇼핑몰 상품 데이터를 수집해서 국내 오픈마켓에 등록해주는 것이었기에 기능이 막강했다.

결국 내가 솔루션을 만들어 제공한 이후로 해외구매대행 시장의 트렌드는 솔루션을 활용해 대량등록 하는 콘셉트로 바뀌게 되었다.

실제로 상품등록 개수와 매출은 거의 정비례했다. 상품등록을 많이 하면 할수록 매출은 늘어났다. 그렇게 교육과 솔루션을 회원들에게 제공하면서 필자 회사도 같이 성장했다. 그런데 오픈마켓에서 상품등록 수량을 제한하기 시작했다. 등록할 수 있는 상품 수가 줄어들자 매출도 함께 줄어들었다. 그래서 나는 또 한 번 고민한다. 어떻게 하면 우리 회원들이 상품등록을 많이 할 수 있을까?

"그래, 우리가 직접 해외구매대행 오픈마켓을 만들자!"

무모한 생각일 수 있었으나, 필요는 새로운 도전을 낳게 된다. 그것이 지금 필자 회사의 주력 사업인 '유닛808'(https://unit808.com)이라는 사이트다. 회원사들과 함께 내가 만든 솔루션으로, 유닛808에 100만 개씩 등록하는 셀러들이 늘어나면서 당연히 매출도 늘어나고, 필자 회사의 수익도 같이 늘어나는 윈-윈 비즈니스가 만들어지게 되었다.

유닛808은 현재 약 7천만 개의 상품이 등록되어 있으며, 최근 6년 동안 누적 판매액이 500억 원을 넘어선다. 한 달 평균 방문자는 70~80만 명으로, 해외구매대행 플랫폼으로 자리 잡고 있다.

글로벌셀러창업연구소(주)를 창업한 이후 최근 10년 동안 우리 회원들과 함께 성장하려고 만든 서비스는 수도 없이 많다. 그중에서 회원들과 같이 돈을 벌었던 서비스도 많았지만 그렇지 않은 서비스도 있었으며, 그것들은 사라졌다.

내가 체육 교사를 그만둔 것은 돈을 못 벌어서이고, 보험 영업을 그만둔 것은 돈은 벌리지만 보람이 없어서였다. 그런데 글로벌셀러창업연구소(주)는 나의 경험과 노하우를 돈을 받고 교육하고 있는데도 회원들은 오히려 고맙다고 이야기한다. 또 여러 가지 서비스와 솔루션, 플랫폼 등을 제공하면서 돈을 벌고 있다. 이렇게 보람과 수익이 함께 생기는 일이니 어찌 즐겁게 일하지 않을 수 있을까!

내가 이 새벽에 일어나 책을 쓰는 이유이기도 하다. 독자들이 고맙다는 메시지를 보내주거나 나로 인해 돈을 벌고 있다고 하면 얼마나 보람 있고 좋은 일인가라는 생각에 즐겁게 집필하고 있다.

결론적으로 내가 해외구매대행 쇼핑몰로 6년간 500억 원 이상의 매출을 올릴 수 있었던 것은 오직 회원들의 매출을 생각하고 일했기 때문이다. 처음부터 플랫폼을 만들 생각은 없었으며, 교육이 필요하다고 해서 교육을 시작했고, 교육생의 매출을 더 늘려 드리기 위해서 솔루션을 개발하고 유닛808 사이트도 만들었다.

이처럼 어느 사업이든 처음부터 대박 나는 일은 거의 없다. 여러분은 이 책을 통해서 해외구매대행 사업에 입문하고, 하나하나 아이템을 찾아서 상품등록을 하길 바란다. 그러다 보면 분명 본인만의 아이템과 실행 방법을 찾게 될 것이다. 그것을 바탕으로 사업은 점점 성장하게 될 것이다.

이 책에서 반드시 얻어가야 할 두 가지

이 책에서 여러분은 무엇을 얻고 싶은가? 남들이 모르는 해외구매대행 비법? 돈 버는 방법? 이런 내용은 당연히 책에 없다. 남들이 모르는 비법은 나 혼자 알지 왜 책에서 말하겠는가? 하지만 그보다 더 중요한 것을 여러분은 얻어갈 것이다. 그것이 결국 사업의 성공과 돈을 가져다 줄 것이다.

첫 번째는 일에 대한 열정이다. 지금부터 이야기할 나의 해외구매대행 사업 스토리를 보면서 필자의 열정을 얻어가길 바란다.

해외구매대행 사업의 성공을 위해 얼마나 노력했는지, 또 얼마나 많은 고민과 시행착오를 겪었는지를 통해 필자의 간절한 열정을 배우고, 좀 더 자신을 담금질하길 바란다. 물론 그 어떤 해외구매대행 책보다 독자에게 도움이 될 만한 노하우를 다 공개할 것이다.

두 번째는 실행력이다. 지금까지 나에게 교육을 받은 수강생은 2만 명이 넘는다. 그중에서 성공한 사람, 직장 생활 이상의 수익을 내는 사람의 수를 정확하게 알 수는 없지만, 지금까지 살아남은 사람들의 공통적인 특징은 꾸준한 실행력을 갖춘 분이라는 것이다.

사업이나 직장 생활이나 성공을 위해서는 목표 설정과 함께 끊임없는 실행력이 중요하다. 많은 사람이 자신의 실패에 여러 가지 핑계를 대지만, 본인의 의지와 실행력만 있다면 해외구매대행 사업뿐만 아니라 그 무엇을 해도 먹고 사는 문제 그 이상을 해결할 수 있다.

이 책에서 나의 해외구매대행 사업 스토리와 함께 어떻게 그것을 실행했는지를 이야기할 것이다. 궁극적으로 지금 시점에서 무엇을 해야 하는지도 명확하게 알려줄 것이다. 여러분은 책을 읽은 후에 반드시 실천해서 해외구매대행 사업으로 많은 돈을 벌어가길 바란다. 그것이 내가 이 책을 쓰는 이유다.

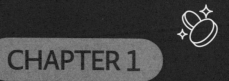

CHAPTER 1

해외구매대행 사업의 시작

15년 전, 해외직구 하는 사람이
얼마나 있었을까?

2009년에 나는 해외구매대행 사업에 첫발을 내디뎠다. 그때는 지마켓, 11번가와 같은 오픈마켓에서 사람들은 물건을 사기만 했지 개인이 오픈마켓에서 판매를 할 수 있다는 것을 아는 사람도 많지 않았다. 그런 시기에 해외직구로 직접 물건을 구입하는 소비자가 얼마나 있었을까?

당시 사람들은 해외 브랜드 제품은 한국의 오프라인 매장에서 직접 눈으로 보고, 입어보고 구입했다. 온라인 쇼핑이 활발하지 않아 해외직구는 엄두를 내지 못하는 상황이었다. 직구를 하려고 해도 현지 사이트에서 한국 카드를 안 받아주거나 한국으로 배송이 안되는 이유로 진행하기가 쉽지 않았다. 그래서 해외에 자주 나가는 사람들이 해외에 간 김에 현지 오프라인 매장 상품을 대신 사다 주는 '오프라인 구매대행'이 조금씩 있는 정도였다.

그러다가 온라인 쇼핑이 활성화되고, 해외직구를 초창기 때 해봤던 소수의 사람이 돈이 되겠다는 생각에 해외구매대행 사업을 시작했다. 이때는 사실 사업이라기보다는 카페나 블로그를 통해서 아기 엄마나 유학생들이 해외구매대행을 해주면서 용돈벌이 하는 수준이었다. 지금도 네이버에서 해외구매대행 카페나 블로그를 검색하면 이러한 옛날 방식의 사업을 하는 사람들이 여전히 있다.

옛날 방식의 해외구매대행 프로세스는 이렇다.

① 고객이 구입하고 싶은 상품의 URL을 카페 견적게시판에 남긴다.
② 카페 운영자가 해당 상품의 원가 분석 후 본인 마진을 포함해서 견적을 준다.
③ 고객은 해당 견적이 맘에 들면 입금을 한다.
④ 그러면 운영자는 해외직구를 해서 고객에게 상품을 보낸다.

이때 운영자마다 받는 구매대행 수수료가 다르기 때문에 똑똑한 고객은 여러 카페에서 견적을 받아 비교하게 된다.
미국구매대행은 브랜드 상품과 의류, 패션, 잡화 쪽이 많다.

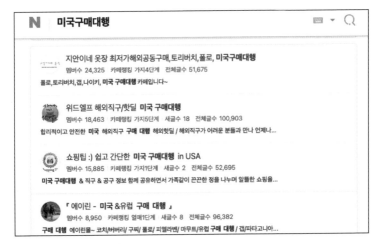

1-1 미국구매대행 카페

1-2 영국구매대행 카페

영국 또는 유럽 구매대행 카페를 찾는 사람들은 미국 직구를 하다가 좀 더 희소성 있고 고급스러운 상품을 사고 싶어서 유럽으로 넘어간 것이다. 그래서 명품 카테고리 상품을 많이 구매 요청한다.

유럽구매대행은 대부분 현지 유학생 또는 현지 사업자가 있는 사람이 운영하며, '구매대행 수수료＋현지 부가세 환급'을 주 수익 모델로 한다. 한국은 제품가 안에 부가세 10%를 포함해서 받지만 유럽은 카테고리마다 차이가 있다. 보통 18~20% 정도인데, 한국 소비자에게 저렴하게 서비스를 제공해도 추후 현지 부가세를 환급받아서 이익을 남길 수 있어 메리트가 있다. 그래서 한국의 사업자보다 현지 사업자가 유리한 부분이 많다.

또 현지의 정식 매장 또는 아울렛 매장에서만 구할 수 있는 상품을 구매대행으로 특화해서 서비스하는 것도 경쟁력이 있어 전문 카페들도 많이 활성화되었다. 이런 방식은 현지에서밖에 못 구하는 상품이기에 지금까지도 인기가 많다.

1-3 일본구매대행 카페

    일본구매대행은 미국이나 유럽 시장과 다른 특이점이 하나 있
다. 그것은 바로 '야후옥션'(https://auctions.yahoo.co.jp)이다. 일본은
국민 특성상 물건을 잘 보관하고 관리하기에 경매 시장이 활성화되
어 있다. 중고명품 경매 시장은 세계에서 일본이 가장 활성화되어
있다. 그래서 고객은 야후옥션에서 좋은 경매 상품을 사고 싶은데,

계정 가입과 구매를 할 수 없어서 일본구매대행 업체에 맡기는 경우가 많다.

실제로 일본은 구매대행 카페를 통해서 견적을 주고받는 경우보다 야후옥션 경매대행 사이트 같은 곳이 더 활성화되어 있다.

야후옥션 경매대행은 기존의 다른 네이버 카페 마케팅에 비해서 어렵지만, 한 번만 고객으로 만들면 해당 사이트의 단골 고객이 되는 경우가 많기 때문에, 사업자는 온라인 마케팅에 더욱 신경을 쓰고 있다.

1-4 야후옥션경매

이처럼 필자가 첫 사업을 시작했던 2009년경에는 해외직구 시장
이 활성화되지 않았고, 해외구매대행이라는 용어도 생소하던 때라
서 경쟁자도 많지 않았다. 알음알음 입소문으로 구매대행 카페나
블로그를 통해서 판매하던 시기였다.

나의 첫 해외구매대행 사업은 사기였다

새로운 것에 대한 도전은 항상 어렵고 힘들다. 보험 영업을 그만
두고 지금의 일을 찾아 안정화가 되기까지 근 3년이라는 시간이 걸
렸다. 창업은 지금까지 내가 가보지 않은 길을 가야 했기에 무엇을
어떻게 해야 할지 너무나 막막하고 두려웠다. 많은 창업박람회를
다니면서 아이템을 찾아봤고, 지인 소개로 다단계 설명회장도 가봤
다. 벼룩시장 광고를 보고 교육도 받았으며, 저자 특강도 들어봤다.
그렇게 어떤 아이템이 나에게 맞을지 알아보는 시간만 거의 1년이
걸렸다.

○ 그 시기는 앞으로 가야 할 방향을 찾는, 힘들고 고통스러운 시기였다. 하지만 그로 인해 나는 글로벌셀러라는 기회를 잡을 수 있었다.

이 책을 보는 순간에도 누군가는 지금 당장 돈을 벌어야 하는 간절한 마음을 가지고 있을 것이다. 그분들의 마음을 나 또한 잘 안다. 하지만 뭐든 때가 있고 나에게 맞는 게 있기에 절대 조급하게 하지 않길 바란다.

2009년경 여기저기 설명회를 다니고 있었는데, 우연히 벼룩시장의 광고가 눈에 들어왔다. 지금도 당시의 광고 문구가 기억난다.

"우리는 재고에 대한 부담 없이 전 세계의 아이템을 언제 어디서든 시간과 공간의 제약을 받지 않고 팔 수 있다."

그러면서 그 노하우를 알려주겠다고 했다. 당시 소자본 창업 아이템을 찾고 있던 나는 쇼핑몰도 만들어주고 모든 교육을 해주겠다는 말에 눈이 번쩍 뜨였다.

오프라인 창업을 하려면 적어도 수천만 원이 드는데 고작 300만 원이면 창업할 수 있다고? 그리고 재고 부담 없이 전 세계의 상품을 팔 수 있다고 하니, 이것이 바로 내가 찾는 창업 아이템이라고 판단해서 교육을 신청했다. 온라인에서 물건 하나 제대로 사본 적이 없는 사람이 말이다.

당시 그 학원장은 해외구매대행 사업을 조금 해본 경험을 가지고 돈이 되겠다 싶어 교육 사업을 시작한 것이었다. 처음 시작하다 보니 강사도 그렇고, 교육생도 그렇고, 시스템도 잡히지 않았고… 모든 것이 미숙했다. 나는 2기 수강생인 걸로 기억하고 있다.

어쨌든 부푼 마음을 안고 교육을 받았고, 온라인 비즈니스가 생소했지만 들을 만한 내용이었다. 지금 생각해보면 아주 기본적인 내용이지만 당시는 초보였기 때문에 모든 게 새로웠다. 강의의 핵심은 '친구나 지인들에게 내가 구매대행 사업을 하니 해외에서 사고 싶은 거 있으면 나한테 요청하면 내가 구해 줄게' 이렇게 홍보하라는 것이었다. 더 나아가서 온라인으로도 홍보를 해야 하니 그때 당시에는 크게 활성화되지 않았던 모 오픈마켓에 등록하는 것을 알려줬다.

전적으로 강사의 말에 의존할 수밖에 없었다. 그 강사는 나보다 먼저 경험했을 것이고, 강의 때마다 본인이 판매하고 있는 아이템을 이야기하니 신뢰할 수밖에 없었다.

생각해보면 말도 안 되는 소린데, 너무나 모르는 게 많았던 터라 올바른 판단을 할 수 없었다. 시간이 지난 후 내가 알고 난 다음에 보니 그것은 사기 같은 강의였다.

첫 번째 에피소드 – 벤츠 구매대행

학원 대표가 해외구매대행 창업 특강 중 예시를 들면서 이런 말을 했다.

"여러분은 재고 없이 아우디, BMW, 벤츠를 해외구매대행으로 팔 수 있습니다!"

사실 나는 이 말에 혹해서 강의를 신청했다. 정말 그게 가능해? 한국에서는 수입차가 비싼데, 해외구매대행으로 하면 한 대 팔면 최소 500~1000만 원이 남는다고?

그래서 나는 강의를 신청했고 부푼 마음으로 강의를 다 들었다. 강의가 끝나고, 이제 배운 대로만 하면 많은 돈을 벌 수 있을 거라고 생각하고 친구들에게 자랑했다.

"내가 새로운 사업을 시작했는데 수입차 필요하면 말해. 내가 싸게 구매대행 해줄게."

친구들은 수입차를 한국에서 사는 것보다 싸다고 하니 어떻게 하면 살 수 있냐고 물었다. 당연히 나는 배운 대로 "사고 싶은 차 홈페이지에 가서 URL을 내게 알려주면 내가 원가 분석 후 견적을 줄게"라고 대답했다. 확실히 한국보다는 금액이 싸서 좋았지만, 문제는 그 다음부터였다.

첫 번째는 너무 큰 금액이 문제였다. 친구가 견적이 맘에 든다며 어떻게 하면 되냐고 묻길래 "전체 비용을 계좌 이체해주면 내가 구매대행 해줄게"라고 대답했다. 그랬더니 그 큰돈을 누가 계좌 이체하냐며 카드 결제 안 되냐고 했다.

두 번째는 카드 결제를 받는다고 해도 배운 대로라면 내가 벤츠 사이트에 가서 장바구니에 담아서 결제를 해야 한다. 지금 생각하면 말도 안 되는 거였는데… 사이트에서는 카드로 차를 살 수 없다는 것을 알게 되었다.

세 번째는 자동차 사이트에서 직구를 했다고 해도 그것을 배대지로 보내고 배대지에서 비행기로 태워서 와야 하는데 차는 비행기에 태울 수 없다는 점이었다.

네 번째는 그렇게 비행기로 태워서 온다 해도 병행수입 관련해 국내에서 각종 인증을 받아야 하는데, 그걸 받기가 쉽지 않다는 점이었다.

막상 해보니 이런 문제 때문에 실제로 수입차는 구매대행이 불가

하다는 것을 알게 되었는데, 여전히 그 강사는 해보지도 않고 강의
만 하고 있었다.

두 번째 에피소드 - 가짜 비아그라

학원 대표에 이어 이사라는 사람이 건강기능식품을 팔아서 돈을
벌었다고 자랑하면서 강의를 했다. 실제로 내가 교육센터에서 일을
하고 있을 때에도 건강기능식품을 어딘가에 판매하고 있었다.

어느 날 내게 남모르게 알약 두 개를 주면서 집에 가서 써먹어 보
라고 했다. 지금으로 말하면 비아그라와 같은 거였다. 나는 호기심
에 집에 가서 그 약을 먹었고, 그날 피곤해서 그냥 잠이 들었다. 그
다음 날 일어 났는데 갑자기 눈에 핏줄이 보이고 심하게 충혈이 되
어서 병원을 찾았다. 자초지종을 이야기했더니 의사는 이런 약은
젊은 사람이 함부로 먹으면 큰일날 수 있다면서 진통제를 처방해주
었다.

알고 보니 그 알약이 비아그라와 같은 효과가 있다는 것을 알게
된 그 이사가 미국에서 한 통을 직구해서 주변 사람들에게 두 알에
만 원씩 팔았던 것이다. 미국에서 흔한 건강기능식품을 비아그라라
고 속이고, 성분도 모르면서 위험천만한 판매 행위를 한 것이었다.

한 통에 40알이 들어 있는 4만 원짜리 상품을 두 알에 만 원씩 소분해 팔면서 20만 원에 팔았던 것이다.

이러한 사실을 나중에 알고부터는 해당 학원에 대한 신뢰가 무너졌다.

세 번째 에피소드 - 가품 골프채

학원장과 강사 겸 이사가 세 명이 있었는데, 두 번째 강사는 또 골프용품을 팔아서 돈을 벌고 있다고 했다.

골프용품은 마진도 좋고 경쟁자가 많지 않다며 심지어 팔아보라고 교육생들에게 권유했다. 그 말에 혹해서 교육생 한 명이 그 강사의 도움을 받아서 골프채를 팔기 시작했다. 제품은 강사한테 받고 올리기만 하면 되니까 일도 편했다. 그런데 어느 날 교육생 동기가 화를 내면서 나에게 찾아왔다. 당시 동기생은 유명 브랜드 골프채를 팔고 있었는데, 해당 본사에서 들어오라는 연락이 와서 갔더니 이거 본인이 판 거 맞냐면서 샤프트가 부러진 골프채를 보여줬다고 한다. 이유인 즉슨 해당 클럽은 중국 가품이었고, 동기생은 가품을 팔아서 본사에 불려갔던 것이다. 동기생은 강사에게 받은 거고 당연히 정품인 줄 알았는데, 알고 보니 강사는 중국에서 짝퉁 샤프트와 헤드를 따로따로 수입해서 한국에서 정품인 양 팔아서 오픈마켓 아이디가 영구 정지된 상태였다.

이렇게 말도 안 되는 일을 당하기 전까지, 모든 게 처음이었던 우리는 강사의 말을 믿을 수밖에 없었다. 실제로 나를 비롯한 많은 교육생들이 학원 수료 후에 제대로 된 방향을 찾기 위해 수년 간을 스스로 공부하면서 해외구매대행 사업을 했다. 그렇게 우리는 시행착오를 겪었다.

6개월간 주문이 한 건도 없었던 이유

2009년에 내가 처음으로 배워서 시작한 해외구매대행 사업은 블로그나 카페를 통해서 고객을 모집해 고객에게 견적을 받은 후 구매대행을 해주는 방식이었다. 지금도 여전히 네이버 카페에 '미국구매대행카페', '영국구매대행카페', '일본구매대행카페' 등으로 해외구매대행 카페를 검색해보면 그때 당시 방식으로 돈을 버는 네이버 카페들이 있다.

맨 처음 학원에서 배운 방식은, 고객이 나에게 해외 쇼핑몰에서 사고 싶은 상품의 URL을 주면서 견적 요청을 하면, 나는 해당 상품의 원가를 분석한 후 내 마진을 포함해서 견적을 주는 방식이었다. 이 방식이 처음에는 너무 어려웠던 것은 상품별로 무게를 책정해 배송비를 설정하는 것과 관부가세 계산이었다. 실제로 원가 분석을 잘못해 견적을 주면 손해를 보고 팔아야 하는 경우도 발생한다. 하지만 이런 원가 분석 및 견적 산출은 단순한 산수이기 때문에 반복하다 보면 누구나 잘할 수 있다. 문제는 누가 나 같은 초보자에게 견적을 요청하겠는가이다.

학원에서는 해외에서 인기 있는 상품을 찾아 상품 홍보를 위한 블로그 글을 꾸준하게 쓰고 이웃을 추가하면 자연스럽게 방문자가 늘어날 것이라고 했다. 나는 알려주는 것은 실천을 잘하는 사람이라 거의 6개월간 상품 홍보성 블로그 글을 꾸준히 썼다.(훗날 내가 얼마나 상업적인 글만 썼는지 알게 되었다.) 또 학원에서 가르치기를 네이버 카페를 만들어 고객들에게 견적 요청을 받으면 된다고 했다. 그렇게 했지만 내 카페는 신생 카페고 회원수도 별로 없어서 딱 봐도 초보 티가 났다. 아무도 나에게 견적을 요청하지 않았다.

○ 사업을 시작하고 6개월간 주문이 한 건도 없었다. 그 이유는 고객을 모을 수 있는 온라인 마케팅을 제대로 배우지 못해서였다. 견적 요청이 오면 견적을 주는 것은 누구나 할 수 있으나, 정작 중요한 고객을 모으는 방법을 나는 몰랐던 것이다. 때문에 그냥 허공에 대고 홍보성 글만 날리고 있었던 것이다. 이것을 나는 아주 나중에 깨닫게 되었다.

천만 원을 주고 배운 네이버 카페 마케팅

어떻게든 이 시장에서 살아남기 위해 온라인 마케팅을 공부하기 시작했다. 지금도 나는 새로운 온라인 마케팅 기법을 공부하기 위해 1년에 한두 번씩은 최소 천만 원 이상씩을 투자하면서 배우고 있다.

2011년에 나는 가장 답답해했던 네이버 카페와 블로그를 배우기 위해 여기저기를 찾아다녔다. 강의도 듣고 책도 보고 저자도 만나면서 온라인 마케팅을 공부했다. 그러던 중 아주 어려운 온라인 마케팅에 대한 칼럼을 보게 되었다. 그분은 기존 강사와 다르게 행동

심리학에 관한 이야기를 하면서 그것을 마케팅에 접목하는 방법에 대해서 말하고 있었다. 나에게는 좀 어려운 내용이었지만 다른 온라인 마케팅 강사와는 차원이 다르다는 것을 알 수 있었다. 그래서 그분이 하는 카페 마케팅, 지식인 마케팅 강의를 들으면서 그분의 마인드와 테크닉을 배우려고 노력했다. 그분을 나의 첫 온라인 마케팅 스승으로 생각하고 배운 대로 실천했다. 그렇게 해서 지금까지 약 10년 동안 카페 마케팅의 다양한 기술들을 습득하면서 점점 나만의 방식으로 재정립했다.

○ 내가 배우고 경험하고 재정립한 이 방식은 기존의 책이나 유튜브에서도 볼 수 없는 방법이다. 어떻게 보면 '어둠의 영역'까지 포함하는 내용이라 공개하기가 조심스러운 부분도 있다. 하지만 독자 여러분을 위해서, 온라인 마케팅이 겉으로 보이는 게 다가 아니라는 것을 알려주고 싶은 마음에 공개하는 것이니 오해 없길 바란다.

지금부터 알려주는 이 방식은 해외구매대행 카페에만 해당되는 것이 아니다. 커뮤니티에 맞는 카페 콘셉트만 잘 정해져 있다면, 네이버 카페를 키우는 데 상당히 도움이 될 것이다.

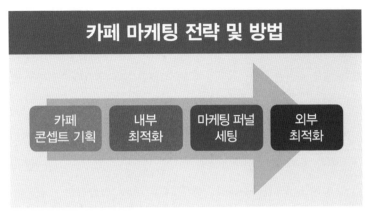

1-5 카페 마케팅 전략 및 방법

콘셉트 기획

첫 번째로 카페 콘셉트 기획이다. 이것이 제일 중요하다. 회원 간에 정보를 공유하는 정보성 커뮤니티를 만들지, 아니면 해외구매대행처럼 운영자의 수익을 위한 수익성 카페를 만들지를 정해야 한다. 사실 중장기적으로 본다면, 카페가 회원들 스스로에 의해서 크게 하려면 정보성 커뮤니티를 통해서 그 안에서 자연스럽게 상업적인 일들을 하는 게 제일 좋다.

예를 들어보면 '성형미인'이라는 카페가 있다. 이는 딱 봐도 성형 관련 커뮤니티일 것 같고, 실제로 들어가 보면 성형에 관심 있는 일반인과 홍보를 하고자 하는 성형외과들이 많이 있다. 이 카페 운영자는 회원 모집을 위한 도구로, 성형외과별로 이벤트를 기획해 회원들에게 혜택을 주면서 성형에 관심 있는 일반 회원과 그들을 원하는 성형외과 광고주를 같이 모집했다.

'렌사모'는 무슨 카페일까? '렌트카를 사랑하는 모임'의 약자다. 예전에는 차를 소유의 개념으로 샀지만, 이제는 개인들도 장기렌트카를 많이 이용하는 시대다. 장기렌트카 비용이 궁금한 사람들은 카페에서 정보를 찾고, 렌트카 업체들은 회원들에게 렌트카 견적을 주면서 자연스럽게 계약을 한다. 이런 렌사모 카페처럼 상업적인 카페라 하더라도 원하는 정보를 수시로 얻을 수 있기 때문에 일반 회원들도 가입하게 된다.

나에게 10년 전에 컨설팅을 받은 한 회원은 여행사를 하다가 망하게 되었다. 온라인 마케팅에 관한 고민을 말하길래 네이버 카페로 여행 커뮤니티를 만드는 것을 기획했다. 그렇게 해서 여행을 좋아하는 사람들을 모으고, 그 안에서 여행 패키지 상품을 획기적으로 만들어서 공동구매 방식으로 여행 상품을 팔았다. 카페를 통해 기존에 운영하던 여행사만큼의 매출이 올라왔다.

의류 제조사 대표님도 기억난다. 제조사는 특성상 미리 제품을 만들어놓아야 하는데, 판매가 되지 않으면 재고는 리스크로 남게 된다. 그래서 옷을 좋아하는 사람들의 커뮤니티를 만들어 디자인을 미리 공개하고 공동구매 형태로 선오더를 받고 제작하는 방식으로 카페를 기획했다.

이처럼 네이버 카페를 만들 때는 어떤 상품을 어떤 콘셉트로 키울 것인지에 대한 명확한 기획이 우선되어야 한다. 그것이 성공의 첫 단추이다.

내부최적화

두 번째로 내부최적화 세팅이다.

이 방식은 온라인 마케터 또는 온라인 광고대행사가 주로 하는 그레이한 영역의 방식이다. 소비자를 기망하는 일이라고 오해할 수 있으나 지금은 이 방식이 더더욱 바이럴 마케터에게는 필수가 되었고, 이렇게 하지 않으면 소비자를 모집하기 어렵기에 마케터의 입장에서 이해해주길 바란다.

모든 마케팅은 고객의 입장에 맞게 세팅하면 된다. 해외구매대행 카페를 검색했을 때 여러분은 어떤 글을 클릭하고, 어떤 기준을 가지고 카페 가입 여부를 결정하는가?

보통은 회원수, 게시글, 댓글, 조회수, 활성화 정도 등을 보면서 가입할지 말지를 결정하게 된다. 여러분이 이제 해외구매대행 카페를 만들어서 시작한다고 할 때, 이런 최적화 방식을 모르는 상태에서 회원수를 한 명부터 늘려가면서 키우기란 쉽지 않을 것이다.

회원수

회원수가 많은 것처럼 세팅해야 한다. 경쟁 카페는 회원수가 1만 명인데 나는 10명도 안 된다면 가입을 안 할 것이다. 그럼 어떻게 회원수가 많은 것처럼 세팅할 수 있을까? 결국 네이버 아이디를 1만 개 구해서 가입시키든지 아니면 회원수 1만 명인 카페를 사야 한다.

네이버는 카페를 사고파는 것은 불법이라고 말한다. 그런데 매니저 위임은 합법이다. 이를 교묘하게 활용해서 직거래로 네이버 카페를 사서 나만의 카페로 개조해서 다시 세팅하는 방식이다. 이것이 사실인지 아닌지는 구글에서 '네이버 카페매매'라고 검색만 해봐도 알 수 있을 것이다.

게시글

게시글이 많은 것처럼 세팅해야 한다. 1만 명짜리 카페를 세팅했는데 거기에서 나 혼자만 글을 쓴다면 나중에 회원들이 들어왔을 때 가입하지 않을 것이다. 따라서 100개 정도 네이버 아이디를 구해서 각각의 아이디로 마치 회원들이 쓴 것처럼 출석 체크, 댓글, 일상 대화, 정보성 대화 등과 같은 글들을 써놓아야 한다.

해외구매대행 카페에서 보면 운영자가 게시판 활성화를 위해서 견적을 주고받는 것도 작업하는 것을 가끔 볼 수 있다. 이 또한 네이버 아이디를 구해야 하는 문제가 있는데, 구글에서 '네이버아이디매매'라고 검색하면 관련 업체들을 찾을 수 있다. 이렇게 파는 아이디는 해킹아이디가 아닌 생성 아이디라고 표현한다. 네이버 아이디는 핸드폰 번호 인증으로 만들 수 있다. 따라서 알뜰폰을 싸게 개통해서 핸드폰 번호로 인증문자 받아서 아이디를 전문적으로 만드는 업체들이 보통 판매를 하고 있다.

댓글

댓글이 활발하게 달려야 한다. 이제 댓글을 어떻게 다는지 감이 잡히지 않는가? 기존의 100개 아이디로 운영자가 쓴 글에 많은 댓글을 달면서 호응을 하고, 다른 일반 글에도 댓글을 달아주면서 점점 활성화된 것처럼 세팅한다.

조회수를 올리는 방법도 있다. 이 방법도 네이버가 싫어하는 어뷰징 방법이지만 실제 선수들은 활성화를 위해서 운영자가 쓴 글 또는 중요한 글들은 조회수를 올려주는 프로그램을 활용해서 조회수를 올리고 있다.

○ 이처럼 내부최적화라는 것은 카페가 활성화된 것처럼 사전에 작업을 해놓는 것을 말한다. 그래야 나중에 방문자가 들어왔을 때 카페가 활성화된 것처럼 보이고, 가입을 한다.

다시 한번 노파심에서 말하지만, 이 방법은 그레이한 영역으로 이렇게 하라는 것은 아니다. 내부최적화를 설명하기 위한 이야기 정도로 생각해주길 바란다. 절대 필자가 추천하는 것은 아니다.

필자가 현재 운영하고 있는 글로벌셀러창업연구소 카페는 아주 초기에 잠깐 배운 것을 실습하기 위해서 진정성 있는 칼럼을 쓰고 댓글을 달았을 뿐 그 외에는 이런 작업들을 하지 않았다. 특히 교육생 후기 같은 글은 절대 작업하지 않았음을 말해둔다. 그 이유는 나는 수없이 많은 시행착오와 공부를 통해서 더 좋은 방법을 찾았고, 그것만으로도 충분하기 때문이다.

마케팅 퍼널

세 번째로 마케팅 퍼널 세팅이다. 사실 내부최적화 또는 외부최적화는 일반 유저를 모으기 위한 하나의 꼼수와 같은 것이지만, 지금부터 이야기할 마케팅 퍼널 세팅은 정말 고난이도 작업이면서 진정한 온라인 마케팅 기법이라고 할 수 있다.

마케팅 퍼널 세팅은 다음과 같이 마케팅 프로세스를 설계하는 것을 말한다.

① **타깃 고객 설정**
② **나의 랜딩페이지를 클릭할 만한 후킹한 문구나 이미지 작성**
③ **고객을 설득할 수 있는 랜딩페이지 또는 상세페이지 작성**
④ **고객이 결제할 수 있게 하는 임팩트 있는 이벤트 또는 서비스**
⑤ **고객을 스스로 불러오는 공유 이벤트**
⑥ **후기 이벤트**
⑦ **다시 돌아와서 결제할 수 있는 리타기팅 기법 설정**

카페 내부최적화로 카페가 활성화된 것처럼 세팅했다면, 이젠 마케팅 퍼널을 세팅해서 고객을 맞을 준비를 해야 한다. 예를 들어보자.

① 타깃 고객: 마시는 차를 좋아하는 소비자

② 클릭을 부르는 문구와 이미지: 고객이 클릭할 만한 후킹한 문구나 카피 또는 이미지를 작성한다.(예를 들어, 하루 한 잔, 이것만 마셔도 건강해진다!)

③ 랜딩페이지: 블로그 글 또는 상세페이지. 예쁘게 만들지 않아도 괜찮다. 차를 좋아할 만한 고객에게 도움이 될 만한 정보성 콘텐츠 작성(예를 들어, 우리 몸의 항산화 작용을 일으키는 차를 마시는 방법)

④ 결제유도 문구와 이벤트: 특정 기간 동안 세일을 한다든지, 지금 사면 무료배송이라든지, 쿠폰을 준다든지, 한정 수량이라든지 해서 지금 사야만 하는 이유를 보여줘서 결제를 유도한다.

⑤ 공유 이벤트: 랜딩페이지를 보고 결제를 하려는 고객에게 해당 공지를 공유하면 특정한 혜택을 주겠다고 해서 고객 스스로 공유를 유도하게 만든다. 소비자는 본인에게 특정 혜택을 준다고 하면 단톡방, 카페, SNS 등에 쉽게 공유를 한다. 그것을 바탕으로 신규 고객을 유입시킬 수 있다.

⑥ 후기 이벤트: 이미 구입한 고객은 내 서비스가 만족스럽기 때문이다. 이런 사람들에게 후기 요청을 해서 자연스럽게 마케팅 자산으로 쓸 수 있다. 기존 고객들에게 후기를 작성하면 또 다른 선물을 주는 이벤트를 통해서 자연스럽게 후기를 쌓는다.

⑦ 리타기팅 기법: 공유와 후기 이벤트의 콘텐츠를 다시 활용해서 처음에 결제하지 않고 나갔던 소비자들에게 푸시 또는 쪽지, 문자를 통해서 지속적으로 해당 서비스가 잘 돌아가고 있다는 것을 알린다. 그렇게 다시 고객으로 유치하는 리타기팅 기법을 세팅한다.

이렇게 마케팅 퍼널 세팅은 정교하고 전략적이어야 한다. 위의 예는 아주 기본적인 것으로, 실제로 하나하나 들어가서 세팅해보면 다양한 방식이 나올 수 있다. 마케터는 마케팅 퍼널을 세팅하고 내가 유도한 대로 고객이 결제를 할 때 가장 큰 희열을 느낀다. 온라인 마케팅에 관심을 가지고 있다면 꼭 마케팅 퍼널에 대해서 더 많은 공부를 해보길 바라며, 내가 계속 반복해서 이야기할 '실천'을 꼭 해보길 바란다. 처음에는 익숙하지 않기 때문에 원하는 결과가 나오지 않는 게 당연하다는 것을 인정하고, 계속해서 실천하면서 실력을 쌓아가길 바란다.

외부최적화

네 번째는 외부최적화다. 지금까지는 고객을 만나기 위한 내부적인 준비 과정이었다면, 이제는 내가 준비한 랜딩페이지를 외부 고객들이 클릭하도록 고객을 모집하는 행위다.

카페 마케팅에서 외부최적화는 그렇게 어려운 일이 아닌데 생각보다 모르는 사람이 많다.

나의 경쟁 카페를 네이버에서 검색하는 것은 어렵지 않다. 예를 들어 미국구매대행 카페를 운영하면서 다른 미국구매대행 카페 회원들에게 내 카페를 홍보하고 싶다면 이렇게 하면 된다.

먼저 해당 카페에 가입한 후 카페에 글을 남기는 회원의 닉네임을 클릭하면 쪽지나 이메일을 보낼 수 있는 기능이 있다. 그런데 경쟁 카페 회원이 2만 명이라면 2만 명의 아이디를 클릭해서 하나하나 이메일 번호를 수집하는 것은 너무나 시간이 오래 걸린다.

그래서 시중에 카페 마케팅 프로그램 중에 '카페 아이디 추출기'라는 것이 있는데, 이는 사람이 수동으로 하나하나 클릭하고 복사해서 찾는 방식을 자동화해서 만든 프로그램이라고 이해하면 된다. 이런 아이디 추출기는 개인정보를 추출하는 것이 아니라 공개된 카페 아이디 및 이메일 주소를 추출하는 것이다.

노파심에 또 이야기하지만 이런 방식은 그레이한 영역이라 온라인 광고대행사들은 이런 방식을 활용하고 있구나 정도로 이해해주길 바란다.

이렇게 경쟁 카페 회원들의 이메일 주소를 수집했다면 그들에게 대량 이메일을 보내서 홍보하면 된다. 그런데 여기서 또 문제가 생길 수 있다. 실제로 수만 명에게 대량으로 이메일을 보내면 스팸으로 빠질 확률이 높고, 고객들은 본인 이메일 주소를 어떻게 알았냐고 개인정보 운운하면서 컴플레인 걸면서 아이디를 신고할 수도 있다. 그래서 지금은 보다 진화한 방식으로, 이메일 주소를 추출한 후 쪽지나 이메일을 보내는 것이 아니라 페이스북이나 인스타그램을 통해서 광고를 하는 방식으로 바뀌었다.

페이스북이나 인스타그램에서 광고를 할 때, 타깃 설정 방법 중에 내가 가지고 있는 DB(이메일 주소나 전화번호)로 페이스북이나 인스타그램에 가입한 아이디가 있다면 해당 아이디 고객에게 내 광고를 보여주는 방식이 있다. 즉 경쟁 카페의 이메일 주소가 페이스북이나 인스타그램에 가입되어 있다면 그들의 피드에 나의 광고를 보여주기 때문에 보다 효율적이다.

이처럼 외부최적화는 명확한 타깃을 찾아 그들에게 나를 홍보하는 것이다. 외부최적화는 타깃의 피드에 보여지는 문구와 이미지 작성이 정말 중요하다. 시선을 사로잡는 이미지와 매력적인 문구로 타깃의 관심을 끌고, 클릭 시 내가 만든 랜딩페이지로 유도해 결제를 이끌어내야 한다.

추가로 해외구매대행 카페는 아니지만 나의 경쟁자가 유튜브를 하고 있다면 해당 유튜브 채널에 나의 광고를 넣는 것도 타깃 광고 전략 중의 하나다.

지금까지 이야기한 카페 마케팅 기법은 10년이 넘는 기간 동안 나보다 전문가들한테 수천만 원 이상의 교육비를 내고 배운 내용에 내가 스스로 터득한 방식을 접목한 것이다. 한편으론 광고대행사가 하는 그레이한 영역까지 알려줘서 걱정인 부분도 있지만, 여러분은 이를 참조해 이번 기회에 제대로 카페 마케팅에 관해서 공부해보길 바란다.

지금이라도 카페를 활용한 해외구매대행 사업을 해야 하나?

결론부터 말하면 'NO'이다. 이 책의 목차를 잘 보길 바란다. 2009년 초기 창업 때부터 내가 어떻게 해외구매대행 사업을 했는지에 대한 경험과 트렌드를 알려주기 위해서 이야기를 하고 있다. 지금 이야기하고 있는 예전 방식, 즉 카페를 활용한 견적 주고받는 형식의 해외구매대행 사업은 너무나 오래전 사업 모델이고, 지금은 트렌드에 맞지 않아서 추천하지 않는다.

실제로 지금 네이버에서 구매대행 카페를 검색해보면, 견적요청 게시판에 견적요청은 많을 수 있으나 구매요청 게시판에 구매요청은 그렇게 많지 않다는 것을 알 수 있다. 다만 예전 카페 중에서도 아직까지 돌아가고 있는 카페는 특별 할인이나 쿠폰 혜택이 있거나 아니면 직구보다 싸게 상품을 소싱해서 공동구매 형태로 운영하고 있는 카페들이다. 또 운영자가 해외에 거주하면서 현지 오프라인에서만 구할 수 있는 상품을 올리는 현지 오프라인 구매대행 카페는 아직도 활성화가 되어 있다.

이제 막 시작하는 초보자라면 기존 경쟁사보다 나은 특별한 무기가 있을 리 없다. 그러니 네이버 카페를 만들어서 견적 주고받는 형태의 구매대행은 하지 않기를 추천한다.

CHAPTER 2

큰일났다!
해외직구족이
늘고 있다

소비자가 해외구매대행 견적을 맡기지 않는 이유

2012년경에는 해외직구를 어려워하거나 번거로워하는 사람들을 위해서 네이버 카페를 이용해서 하는 구매대행 사업을 할 만했다.

당시만 해도 사람들은 해외직구에 대한 개념이 별로 없었다. 그래서 한국보다 해외 사이트가 싸다는 걸 알았거나 한국에 없는 상품을 구하고 싶을 때 사람들은 구매대행 사업자에게 구매 의뢰를 했다. 그런데 그런 소비자들이 점점 똑똑해지기 시작했다.

해외 사이트에서 찾은 상품을 구매하기가 힘들어서 구매대행 사업자에게 맡겼는데, 일반 소비자도 배송대행지만 있으면 어렵지 않다는 것을 알게 된 것이다. 현지에서 내 물건을 받아서 보내줄 물류 파트너만 있으면 직접 구매도 할 수 있고, 구매대행 수수료도 아낄 수 있다고 생각하는 소비자들이 한두 명씩 생겨났다. 또 구매대행 카페에 견적을 의뢰하면 똑같은 상품인데 카페마다 견적이 다르게 나오니, 싼 견적을 찾는 것도 피곤하고 수수료도 아끼기 위해서 자신이 직접 구매하는 고객들이 늘어났다. 그러면서 차츰 구매대행 카페에는 해당 카페 운영자를 오랫동안 신뢰하거나 정말 직구가 귀찮은 사람들만 남게 되었다.

또 구매대행 사업자에게 견적을 맡기지 않는 결정적인 이유 한 가지는 직구족을 위한 배송대행지의 등장이었다. 기존의 배송대행지는 해외구매대행 사업자들만 몰래 썼던 곳인데, 배송대행지도 경쟁이 치열해지면서 일반 직구족을 위한 배송대행지가 나오기 시작했다. 그로 인해서 일반 소비자도 본인이 배송대행지를 찾아서 직구할 수 있는 기회가 늘어나면서 점점 견적을 맡기는 사람이 줄어들었다.

현지 창고 없이 배송대행 사업을 할 수 있는 방법

카페를 통해 견적을 주고받는 비즈니스 모델에서 고객이 직접 구매하는 것으로 넘어가면서 이쪽 시장도 트렌드가 바뀌고 있다. 그것은 바로 배송대행 사업이다.

배송대행 사업은 고객이 해외 사이트에서 직접 물건을 구매했는데, 해당 쇼핑몰이 한국 직배송이 안 되거나, 된다 하더라도 배송비가 비싼 경우 현지 물류 업체가 대신 받아 한국으로 보내주는 서비스를 말한다.

이런 배송대행 사업을 하기 위해서는 현지에 물류창고가 있어야만 된다고 생각할 수 있지만, 창고 없이도 사업을 할 수 있다. 그것이 가능한 이유는 현지 물류창고 중에는 사업자를 위한 물류 회사와 개인 소비자를 위한 물류 회사가 있기 때문이다.

현지 물류창고 없이 한국에서 배송대행 사업을 진행하는 방법은 다음과 같다.

① 먼저 해외 사업자와 거래하는 물류 회사를 찾아서 도매 요율과 주소지를 받는다.

② 한국에서 별도의 배송대행 사이트를 구축한다. 그리고 내가 받은 도매 가격에 마진을 붙여서 소비자 배송비를 세팅하고 해당 주소지를 공개한다.

③ 그런 후 온라인 마케팅을 진행해 내 사이트를 알린다.

④ 고객은 내 사이트에서 공개한 배대지 주소로 직접 구매를 하고, 우리에게 신청서를 작성해 보내고 배송비를 입금한다.

⑤ 우리가 거래하고 있는 현지 물류창고에 한국 소비자의 정보를 넘겨준다.

⑥ 현지 배대지에서 물건을 받아 한국 고객에게 보내준다.

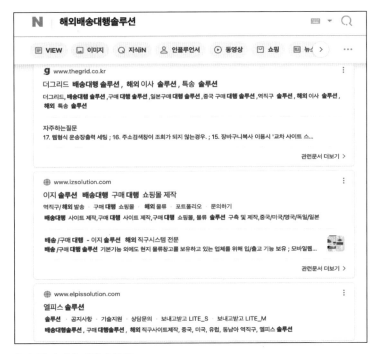

2-1 해외 배송대행 솔루션

　　쉽게 말해서 사업자랑만 거래하는 배송대행지를 찾아서 리셀링 한다고 생각하면 된다. 어차피 소비자는 네이버나 구글을 통해서 배대지를 검색할 것이고, 우리가 홍보하는 사이트를 찾게 된다면 우리의 고객이 될 것이다.

　　이렇게 현지에 물류창고 없이 배송대행 사업을 할 수 있는 방식은 내가 오프라인 강의 때 주로 공개했고, 실제로 내가 알려준 방식으로 구매대행 카페를 운영하다가 배송대행 사업으로 전환한 사람도 있다.

또 해외에 거주하는 사람이라면 자신의 집 또는 작은 사무실이 배송대행지의 역할을 할 수 있다. 현지의 큰 배송대행지를 찾아가서 리셀링하겠다고 좋은 요율을 달라고 하면 줄 수도 있다. 아무래도 현지에서 배송대행 서비스를 하면 한국에서보다 유리한 점이 있다. 현지에서만 구할 수 있는 제품이나 사이트에 대한 구매대행 요청도 받을 수 있다. 배송대행과 함께 구매대행 서비스도 할 수 있는 것이다. 유럽이나 일본 같은 경우에는 현지 부가세를 환급받을 수 있기에 추가적인 수익 모델이 나올 수 있다.

어떻게 직구족을 나의 고객으로 모실 수 있을까?

　해외구매대행 카페 운영자가 카페 회원수를 늘리는 것에 집중해야 한다면, 배송대행 서비스 대표는 어떻게 하면 고객이 나에게 배송대행을 맡길 것인지에 대한 고민을 해야 한다.

　내가 수강생들에게 강조했던 방법은 해외직구족을 내 고객으로 모셔오는 것이다. 그럼 어떻게 하면 해외직구족을 데려올 수 있을까? 우리의 고객은 이미 명확하게 정해져 있다.

　첫 번째는 위에서 언급한 해외구매대행 카페 회원들이다. 이들은 직구를 하고 싶은데 번거롭거나, 귀찮거나, 몰라서 구매대행을 이용한다. 그들에게 해외직구 방법을 알려주면서 배송대행 고객으로 유치하는 것이다. 해외구매대행 카페 회원들의 DB를 뽑아서 자연스럽게 광고해서 배송대행 고객으로 유치하면 된다.

　두 번째는 더 현실적인 방법으로, 해외직구 전문 블로그를 운영하는 것이다. 교육생 중에 구매대행 사업을 하다가 실제로 이 방법으로 배송대행 전문 마케터가 된 사람이 있다. 구매대행 카페 회원에게 해외직구 방법을 알려주면서 배송대행 고객으로 유치하는 것이다. 아마 가장 쉬운 방법이 아닐까 싶다.

예를 들어 아마존 직구를 하고 싶은 사람은 네이버에 '아마존직구방법'을, 랄프로렌 직구 방법을 찾는 사람은 '랄프로렌직구방법', 이런 식으로 브랜드명 뒤에 직구 방법을 붙여 검색한다.

그럼 우리는 네이버에서 해당 쇼핑몰+직구방법을 검색했을 때 내가 쓴 글이 1페이지에 노출되게 하면 된다.

클릭해 들어오는 블로그 글에는 직구 방법에 대한 자세한 설명과 해외직구 시 반드시 필요한 배송대행지에 대한 이야기를 해준다. 그리고 글 하단에는 내가 운영하는 배송대행 사이트 링크를 걸어두면 자연스럽게 고객을 유치할 수 있다.

2-2 아마존 직구 방법

이렇게 이용자가 아마존 직구 방법이 궁금해서 검색했을 때 내가 쓴 글이 적어도 1페이지 안에 노출된다면, 내가 알리고 싶은 배송 대행 사이트를 자연스럽게 홍보할 수 있다. 만약 미국 배대지를 홍보하고 싶다면 미국에서 유명한 모든 사이트의 직구 방법에 관한 글을 포스팅하면서 방문자를 늘려야 한다.

2-3 타오바오 직구 방법

    중국 배대지를 홍보하는 방법은 간단하지만, 경쟁이 더 치열한다. 그 이유는 중국에서 직구 하는 사이트는 '타오바오', '1688', '징동' 등 몇 개 안 되기 때문이다. 그만큼 블로그 포스팅을 많이 하기 때문에 경쟁이 치열해 내가 쓴 글을 상단에 올리기가 쉽지 않다. 이 때는 블로그 포스팅 외에 다른 온라인 마케팅 전략이 필요하다.

세 번째는 해외직구 전문가가 되는 것이다. 이는 두 번째 방법과 자연스럽게 연관되는데, 블로그를 통해서 해외직구 관련 내용을 전문적으로 포스팅하다 보면 문화센터 등에서 해외직구 강의 섭외가 들어온다. 또 보다 적극적으로 본인이 직접 문화센터 등에 강의 제안서를 넣어서 강의를 해도 좋다.

많은 사람이 해외직구가 싸다는 것을 알지만, 아직도 어떻게 해야 하는지 모르는 사람이 있다. 문화센터 등에 해외직구 강의를 론칭하면 아무래도 젊은 엄마들이 많이 듣는다. 그들에게 해외직구 방법을 알리면서 본인의 배송대행지를 홍보하는 것이다. 실제로 우리 회원 중 한 분은 한창 직구가 유행일 때 모 마트 문화센터에서 해외직구 강의를 했는데, 소문이 나서 다른 마트 문화센터에서도 강의 요청이 들어왔다. 그렇게 강사로 수익을 내면서 자연스럽게 본인의 배대지도 홍보하게 되었다.

이처럼 블로그나 유튜브를 통해 해외직구 전문가로서 브랜딩을 하면, 자연스럽게 본인의 배송대행지 단골 고객을 늘릴 수 있다.

배송대행 사업이 늘어나면
해외구매대행 사업은 어떻게 될까?

네이버 카페를 통한 구매대행 사업은 배송대행 사업이 활성화될수록 자연스럽게 어려워질 것이다. 고객 흐름이 직구 시장으로 넘어갈 수밖에 없다는 것은 누구나 예측하고 있다. 해외직구족이 늘어나서 옛날 방식의 해외구매대행 사업이 어려워진다면 지금과는 다른 방식과 전략을 찾아야 한다. 기존의 구매대행 사업을 계속하면서 살아남고 싶다면 해외직구족이 하기 힘든 서비스를 만들어야 한다.

예를 들면 한국에서는 미국의 아디다스 공식홈페이지에서 결제가 안 된다. 미국의 코치 사이트도 마찬가지다. 그래서 직구를 하고 싶어도 못 한다. 이렇게 한국 소비자가 직구를 못 하는 사이트를 찾아서 대신 구매해줄 수 있는 본인만의 무기를 만들어야 한다.

또 직구로 사는 것보다 구매대행 카페를 통해서 사면 더 싸게 살수 있는 가격 경쟁력도 갖추어야 한다. 이는 특정 사이트에서 이벤트를 할 때, 예들 들어 1000$ 이상 구입하면 20% 할인 이벤트가 떴을 때 얼른 해당 사이트의 상품을 공동구매로 올려서 가격 혜택을 받을 수 있게 하는 것이다. 이처럼 자신이 직구하는 것보다 운영자를 통해서 하면 할인 또는 혜택이 있어야 고객이 떠나지 않는다.

유럽구매대행 같은 경우 소비자가 직접 사면 100만 원이지만 현지 운영자를 통해서 샀을 때 나중에 10%인 10만 원을 돌려받는다면, 해외직구를 하지 않고 운영자에게 맡길 것이다. 유럽은 텍스리펀이 되기 때문에 현지에 사업자가 있는 사람은 이런 프로모션이 가능하다.

위와 같은 방법으로 옛날 방식의 구매대행 사업자가 추가적인 무기를 장착해 해외직구 고객을 잠깐은 모시고 올 수 있다. 하지만 시대의 흐름은 배송대행 사업이 커질수록 해외구매대행 사업은 위기라는 것을 말해주고 있다.

CHAPTER 3

글로벌셀러!
그게 과연
말이 될까?

이것도 모르고 제발
시작하지 마라

문제를 하나 내보겠다. 여러분은 '글로벌셀러'와 '해외구매대행 사업자'의 개념을 구분할 수 있는가?

해외구매대행 사업은 1장에서 언급한 것처럼, 네이버 카페나 블로그를 이용해서 고객에게서 먼저 견적이 들어오면 그 상품을 구매대행을 해주는 사업이다.

반면 글로벌셀러는 판매자가 먼저 해외의 인기 상품 또는 잘나갈 것 같은 상품을 찾아서 이미지를 캡처해서 국내 오픈마켓에 올려 판매하는 사업자이다.

글로벌셀러는 주문이 들어오면 해외직구를 해서 배대지로 보내서 고객에게 보내는 해외구매대행의 형태를 보이고 있다. 그래서 많은 사람이 해외구매대행이나 글로벌셀러가 같은 것이라고 잘못 이해하기도 한다.

둘 다 해외 상품을 한국의 소비자에게 판매(공급)하는 것은 맞지만 운영 방식이 다르다. 이런 기본적인 차이를 모르고 시작하면, 아이템 선정부터 마케팅까지 제대로 하지를 못한다. 이번 기회에 제대로 개념 정리를 하고 시작하길 바란다.

해외구매대행 VS 글로벌셀러

3-1 해외구매대행과 글로벌셀러의 차이

첫 번째는 타깃이 다르다.

카페를 활용한 해외구매대행 사업의 타깃 고객은 해외 쇼핑몰에서 사고 싶은 물건을 찾을 수는 있는데 여러 가지 이유로 구매와 배송을 못 하는 사람들이다. 반면 글로벌셀러의 타깃 고객은 애초에 해외 쇼핑몰도 못 찾고 해외직구, 구매대행, 배송대행을 모르거나 귀찮아서 그냥 국내 오픈마켓에서 구매하는 사람이다. 따라서 글로벌셀러의 주요 고객은 해외직구를 모르는 사람이 많기 때문에, 연령대로는 30대 후반부터 뒤로 갈수록, 성별로는 여성보다는 남성을 타기팅해서 아이템을 소싱하는 게 유리하다.

이런 기본적인 타깃도 모른 채 무작정 20대나 아기 엄마들이 좋아하는 나이키, 뉴발란스, 폴로, 갭 등과 같은 상품을 오픈마켓에 올리니 팔리지 않는 것이다. 이런 상품을 좋아하는 고객은 이미 해외직구를 하고 있다.

두 번째는 하는 일이 다르다.

해외구매대행 사업자는 고객에게 견적을 주는 게 주로 하는 일이다. 그에 반해 글로벌셀러는 전 세계의 좋은 아이템을 발굴하는 게 주요 업무이다. 글로벌셀러는 아이템 소싱에 많은 시간을 투자하고, 국가별 또는 카테고리별로 한국 소비자가 좋아할 만한 사이트나 상품을 찾는 게 주로 하는 일이다. 아이템 소싱 능력에 따라서 글로벌셀러의 매출이 다르게 나타나는 것이다.

아이템은 경쟁사보다 싸게 팔 수 있는 상품을 소싱하거나, 한국에 아무도 팔지 않는 희소성 있는 상품을 소싱해야 한다.

그중에서 희소성 있는 상품을 소싱해야 대박이 나지만 초보 셀러는 희소성 있는 상품을 소싱할 능력이 없다. 때문에 처음에는 누구나 팔고 있는 상품을 찾아서 상대적으로 가격 경쟁력이 있는 상품을 팔면서 마케팅 능력을 키워야 한다. 물론 초보자는 이미 잘 팔고 있는 판매자보다 싸게 구할 수 있는 능력이 떨어지기에 이것마저 힘들 것이다. 그게 안 되더라도 일단 경쟁사와 비슷한 가격을 맞출 수 있으면 판매를 해봐야 한다. 왜냐하면 모든 소비자가 최저가 상품만을 사지는 않기 때문이다. 고객은 정말 다양한 방식으로 검색해 들어오고, 구매하는 기준도 다르기 때문에 최저가를 못 맞췄다고 너무 걱정할 필요 없다. 일단 상품등록을 많이 하면서 본인만의 노하우와 경험을 쌓는 게 중요하다.

경쟁사의 상품도 해외배송이라고 한다면 분명 어딘가에서 이미지를 가져왔을 것이고, 우리는 그것을 못 찾았을 뿐이다. 경쟁사가 도매로 가져와서 판매하는 경우 도저히 최저가를 맞추기가 어려운 아이템도 있다. 판매자가 도매로 들여와 재고를 보유하면서 판매하고 있는지는 오랫동안 경험하다 보면 알 수 있다.

세 번째는 마케팅 방법이 다르다.

해외구매대행 사업자의 핵심 마케팅은 카페 마케팅을 통해서 회원수를 늘리는 것이다. 그에 반해 글로벌셀러의 마케팅은 오픈마켓에 올린 내 상품이 어떻게 하면 잘 팔릴 수 있는지, 그 방법을 찾는 것에 집중해야 한다. 결국 내가 올린 상품이 판매되기 위해서는 고객이 오픈마켓에서 해당 키워드를 검색했을 때 내 상품이 1페이지에 노출되어야 한다.

1페이지에 노출시키는 방법은 크게 두 가지가 있다. 하나는 오픈마켓에 돈을 내고 하는 키워드 광고이다. 그런데 재고를 보유하고 있지 않는 글로벌셀러는 광고를 하지 않는다. 다른 방법은 해당 키워드를 검색했을 때 내 상품이 1페이지에 노출되는 조건을 만족하게 만드는 것이다. 즉 상위노출이 되기 위한 기본적인 작업을 해서 상품을 등록하는 것이다.

상위노출을 결정하는 요소는 여러 가지가 있는데, 그중 가중치가 제일 많은 것이 클릭수(얼마나 내 상품을 많이 클릭했는가?)와 구매점수(얼마나 많이 구매했는가?)이다. 대부분의 플랫폼에서는 이 두 가지가 기본이 되어 상위랭킹 알고리즘이 돌아간다. 상위노출 방법은 플랫폼마다 다르고 좀 그레이한 부분도 있고 해서 여기서는 이 정도로만 이야기하고, 더 심도 있는 내용은 오프라인에서만 공개하도록 하겠다.

이러한 것을 감안하면 현실적으로 글로벌셀러 초보들이 제일 쉽게 할 수 있는 마케팅은 대량등록이다. 오픈마켓별로 상품등록 개수에 제한이 있지만, 현재 아이디당 보통 1만 개 정도까지 등록할 수 있다.

네이버 쇼핑이나 쿠팡 등 대부분의 오픈마켓에서는 상품을 노출시키는 상위랭킹 로직에 '최신성'이라는 것을 반영하고 있다. 이는 최근 등록한 상품에 최신성 점수를 주어 일시적으로 상단에 올려주는 것을 말한다. 판매자는 이 최신성 점수를 잘 이용할 필요가 있다. 수시로 새로운 상품을 많이 올려서 최신성 점수로 고객에게 노출되도록 하고, 판매가 되지 않은 상품은 주기적으로 삭제하고 다시 올려야 한다.

이보다 더 무식하지만 빠르게 매출을 올릴 수 있는 방법이 있다. 사업자 하나로 1만 개를 등록하는 것보다 사업자 10개를 만들어서 10만 개를 등록하는 것이다. 이것이 고객을 더 빨리 만날 수 있는 방법이라 일부 선수들은 비상주사무실 서비스를 이용해서 사업자를 수십 개 내고 오픈마켓 계정을 많이 만들어서 등록한다.

기막힌 아이템을 찾아서 해당 상품을 1페이지에 바로 올릴 수 있다면 대량등록을 할 필요가 없다. 하지만 현실적으로 초보 셀러는 아이템 소싱과 마케팅 능력이 안 되기 때문에 사업자를 여러 개 내서 대량등록을 하는 방법이 매출을 올릴 수 있는 거의 유일한 방법이다. 그래서 나도 이 방식을 초보 셀러에게 추천하고 있다.

○ **결론적으로 말하면, 옛날 방식의 해외구매대행 사업을 하라는 게 아니라, 아이템을 직접 소싱해서 오픈마켓에 판매하는 글로벌셀러를 하라는 것이다.**

이 책을 통해서 글로벌셀러가 어떤 일을 해야 하는지, 타기팅은 어떻게 하고, 아이템 소싱은 어떻게 하고, 마케팅은 어떻게 해야 하는지 개념을 정확하게 잡고 시작하길 바란다.

나의 첫 글로벌셀러 아이템은 명품

이제 네이버 카페를 활용한 옛날 방식은 어렵다고 판단하고, 2012년에 나는 해외의 좋은 상품을 찾아서 오픈마켓에 판매하는 글로벌셀러 사업을 시작했다. 당시 주변에서 글로벌셀러를 하는 사람도 못 만났고, 제대로 된 교육도 못 받았던 상황이라 모든 것을 혼자 해야만 했다. 그럼에도 불구하고 해외 상품을 재고 없이 한국에 판매하는 방식은 앞으로의 트렌드가 될 것이라고 생각했고, 분명 가능한 방식이라는 확신이 있었다.

그래서 국가별로 어떤 아이템을 소싱해 팔아볼지를 고민하다가 아무래도 해외 상품 하면 브랜드를 찾을 것이고, 그중에서 명품이 제일 쉽게 접근할 수 있지 않을까 해서 명품 쪽으로 아이템을 소싱하기 시작했다. 지금도 그렇지만 당시에도 나는 온라인으로 상품을 사본 경험이 그다지 많지 않았고, 특히 명품에 대해서 많이 알지 못한 상태여서 어떤 것을 어떻게 팔아야 할지 몰랐다. 그래서 주변 지인들이 명품 이야기를 할 때 들었던 브랜드를 우선적으로 소싱하기로 했다.

우리가 흔히 알고 있는 유명한 명품은 대부분 이태리나 프랑스 브랜드인데, 막상 해보려고 하니 현지 카드가 없으면 구매할 수 없어서 소싱을 할 수 없었다. 그나마 미국 백화점 사이트에 올라온 명품들은 직구가 가능해서 백화점에 입점한 명품 상품을 소싱해서 올려보기로 했다. 그런데 예상치 못한 이슈가 생겼다. 그것은 가격 경쟁력이었다. 유럽에서 한국으로 직접 오는 상품에 비해 유럽에서 미국으로 갔다가 다시 한국으로 오는 미국 백화점의 상품은 여러 유통 경로와 이중 관부가세 때문에 가격 경쟁력이 없었다.

하지만 나는 포기하지 않고, 반드시 틈새 시장이 있을 것이라는 생각으로 좀 더 파고들었다. 그 결과 미국의 중저가 브랜드인 코치 가방을 알게 되었다. 코치도 구매하려면 미국 카드가 있어야 했다.

그래서 미국의 파트너를 찾아서 소싱 대행을 맡기고, 나는 한국의 오픈마켓에서 판매를 하면 되겠다는 생각으로 일을 시작했다. 그렇게 첫 글로벌셀링 상품으로 미국의 명품을 판매하기 시작했다.

3-2 코치 판매

지금은 발란(https://www.balaan.co.kr/)이라는 곳이 명품 판매로 유명하지만, 당시는 필웨이(https://www.feelway.com/)라는 사이트에서 명품 판매를 많이 했다.

나는 그곳에 입점해 미국의 코치 가방을 해외구매대행으로 판매했다. 하지만 필웨이에 상품등록을 한다고 해서 다 팔리는 것이 아니기 때문에 블로그를 통해서 홍보하면서 판매 활동을 이어갔다.

그렇게 미국 명품을 시작으로 유럽 명품도 소싱해보려고 많은 시도를 했다. 하지만 당시만 해도 유럽의 부티크 매장과 계약을 한다든지, 유럽 현지 부가세 환급, 한-EU FTA 협정 세율 적용 등과 같은 방법은 정말 고수들만 몰래 알고 있던 것이라 나는 더 이상 진행하지 못했다. 이제 이런 방법들은 조금만 관심이 있으면 누구나 할 수 있는 정보가 되었지만, 아직 모르는 초보 셀러들도 많을 것이다.

글로벌셀러로 활동하려면 결국 경쟁력 있는 아이템을 어떻게 팔 것인지에 대한 본인만의 무기가 필요한데, 앞으로도 명품 시장은 본인만의 경쟁력 있는 소싱 루트가 있으면 오랫동안 살아남을 시장이라고 생각한다.

아무튼 나는 글로벌셀러의 첫 시작을 명품 구매대행으로 했다. 재고도 없이 미국에서 배송된다는데 고객들이 과연 살까 하고 걱정했지만, 얼마 지나지 않아 이런 생각은 기우(杞憂)가 되었다. 하나둘

판매가 되기 시작했고, 그러면서 나는 점점 자신감을 가지고 글로
벌셀러 사업을 확장할 수 있었다.

어디에나 고수(高手)가 있다

2012년 글로벌셀러를 통해서 이제 막 직장인 급여 정도의 수입이
생길 때였다. 상품을 더 많이 등록하면 분명히 매출이 뛸 것 같은
데, 나 혼자의 1인 기업이 하기에는 물리적으로 시간이 부족했다.

오전에는 주문 및 배송 처리를 하고, 고객 게시판에 답변 달고,
오후에는 상품 소싱 및 상품등록을 해야 하는데 하루가 너무나 짧
았다. 그리고 아무리 상품등록을 많이 해도 해외 사이트가 품절이
거나 가격이 바뀌는 경우가 있어서 수동으로 관리하는 것이 어려움
이 많았다.

그러던 중 우연히 셀러들 모임에 가게 되었다. 참석자 중 몇 분이
내가 하고 있는 해외구매대행 사업을 하고 계셨고, 뒤풀이 자리에
서 어떤 식으로 판매하는지 경험담을 듣게 되었다. 나보다 몇 년 일
찍 시작한 한 선배의 말을 듣고 내가 하고 있는 수동 방식은 정말

하수나 하는 것이라는 걸 알게 되었다.

　그분은 수동으로 상품을 등록하지 않고 스크래핑 프로그램을 활용해서 해외 쇼핑몰의 상품을 다 긁어와서 등록하고 있었다. 상품 수도 50만 개 정도 되었다. 상품 수에도 놀란 나는 또 한 번 놀라지 않을 수 없었다. 그렇게 많은 상품을 어떻게 재고 관리를 하는지 물었을 때 그분은 나를 보고 웃으면서 말했다.

"하하… 그걸 왜 사람이 하나? 프로그램이 하지!"

○ **해외 사이트에서 품절이면 내 사이트도 품절 처리되고, 해외 사이트 가격이 변동되면 내 사이트도 가격이 변동되는 프로그램을 쓰고 있다는 것이었다. 너무나 큰 충격이었다.**

　그분은 또 오픈마켓만 등록하는 것이 아니라 본인의 쇼핑몰을 만들어서 유료 광고를 하면서 고객을 유치했고, 그 고객을 단골 고객으로 만들면서 광고비 효율을 높이고 있었다. 나는 초보이긴 하지만 그래도 나름 열심히 잘하고 있다고 생각했는데, 자신이 너무나 초라해졌다. 역시나 어디 가나 고수가 있다는 것을 다시 한번 깨닫는 순간이었다.

나는 지금이 내가 하고 있는 수동 방식을 넘어서 사업을 확장할 수 있는 좋은 기회라 판단했고, 그러기 위해서는 그 솔루션이 꼭 필요했다. 하지만 그분은 경쟁사가 늘어난다면서 알려주지 않으려 했다. 그 마음도 충분히 이해했다. 나는 최대한 예의를 갖추고 불쌍한 표정을 지으면서 몇 번을 간청한 끝에 결국 그 솔루션 회사의 정보를 얻게 되었다.

곧장 솔루션 회사에 연락했다. 그 회사는 당시 해외구매대행 솔루션 회사로서는 유일하게 독점적으로 서비스를 하고 있었기 때문에 초기 비용이 싸지는 않았다. 그럼에도 불구하고 나는 투자라고 생각했고, 이미 해당 솔루션으로 돈을 잘 벌고 있는 판매자를 봤기 때문에 안 할 이유가 없었다. 그래서 바로 솔루션 계약을 하고 홈페이지 구축 및 오픈마켓 대량등록까지 했다. 결과는 어떻게 되었을까?

○ **등록 상품 수가 많아지고, 노출도 많이 되다 보니 당연히 매출도 올랐다. 몇백에서 갑자기 몇천만 원 단위로 매출이 뛰었고, 나는 이를 바탕으로 사업을 확장하기 위한 시드도 모으게 되었다. 그러면서 처음으로 직원을 뽑아서 회사를 운영하게 되었다.**

지금 생각하면 대단한 기술이 아니라고 생각할 수 있지만, 아직도 여전히 해당 솔루션 회사는 남아 있고 많은 사람이 이용하고 있다.

그런데 지금의 글로벌셀러는 그때와 상황이 다르다. 오픈마켓의 상품등록 개수가 무제한에서 1만 개로 제한되어 예전처럼 수십만 개를 올릴 수가 없다. 그러다 보니 그 솔루션은 현재 당시 내가 했던 것처럼 미국이나 유럽의 많은 사이트를 선택할 수 없게 되어, 대부분 중국구매대행 상품으로 소싱처가 바뀌었다. 솔루션도 재고 관리와 가격 관리가 안 되고, 한 번 수집해서 등록하는 정도에 그치고 있다.

내가 제대로
돈을 벌기 시작한 사건

대량등록 솔루션은 신세계와 같았다. 그동안 수동으로 여러 단계에 걸쳐 했던 작업을 솔루션은 한 번에 자동으로 해주었다. 소싱하고 싶은 해외 쇼핑몰을 찾아 등록하기만 하면 해당 쇼핑몰 전체 상품 데이터를 수집해서 국내 쇼핑몰과 오픈마켓에 등록해주었다.

그러고 나면 알아서 주문이 들어왔다. 일이 너무나 즐거웠다.

하지만 내 성격상 이것에 만족할 수만은 없었다. 대량등록으로 판매하다 보니 예상치 못한 상품 불량, 오배송, 단순 변심으로 인한 환불 등 문제점이 나오기 시작했다. 또 내 사이트를 따라 하는 경쟁사도 조금씩 보이기 시작했다. 어쩌면 당연한 일이었다. 그래도 재고 없이 등록해도 팔린다는 생각에 즐겁게 일하면서 더 나은 방법을 찾기 시작했다. 그러던 중 나에게 재미난 일이 생겼다.

나는 주문이 들어오면 해외 사이트에서 직접 구매해 주문 처리를 해주었는데, 그것은 자연스럽게 아이템 공부도 되었다.

○ **그러던 어느 날, 유독 주문이 많이 들어오는 아이템 하나를 발견했다. 유아용 선글라스였다. 그때가 여름이어서 그럴 수도 있었겠지만, 다른 상품과 비교가 안 될 정도로 주문량이 많았다. 이거 뭐지?**

이 아이템을 더 자세히 공부하기 위해 국내외 사이트에서 검색을 해가며 상황을 파악했다. 이미 국내에 독점판매자가 판매하고 있었는데, 내가 해외구매대행으로 조금 더 싸게 팔고 있었던 것이다. 그래서 고객은 배송 기간이 좀 길어도 싸게 구매하고 싶어서 내 쇼핑몰에서 주문을 했던 것이다. 순간 이런 생각이 지나갔다.

○ **'이걸 내가 더 싸게 가져온다면, 더 많이 팔고 돈도 더 많이 벌 수 있지 않을까?'**

현지 도매 업체를 검색해서 찾아보았다. 다행히 2013년 그 즈음에는 해외 상품을 대량으로 구입하는 병행수입 업체가 많지 않아서인지 어렵지 않게 해당 업체를 찾을 수 있었다. 그래서 대량등록 솔루션을 활용해서 번 돈으로 이제는 보다 싸게 소싱할 수 있는 '병행수입'을 진행했다.

병행수입법은 한국에 독점 수입업자가 있어도, 다른 사람이 해외 도매 업체에서 정품을 사서 합법적으로 관부가세를 내고 들여와 판매하는 것을 인정하는 법이다.

3-3 나의 첫 병행수입

　처음에는 해외구매대행 쇼핑몰을 구축해서 대량등록만으로 판매하면 큰 위기 없이 사업을 계속할 수 있을 줄 알았다. 하지만 해외구매대행 사업은 나만이 할 수 있는 것이 아니라, 누구나 시간과 비용을 투자하면 똑같이 할 수 있기 때문에 영원하지 않다는 것을 깨닫게 되었다. 그래서 나만의 아이템이 필요했고, 병행수입으로 돌파구를 찾았다.

　나는 국내 독점판매자가 팔고 있는 상품을 미국 도매업자에게 싸게 공급받아서 국내에 팔 생각으로 대량 수입을 시작했다.

사실 병행수입으로 많은 재고를 가지고 있으면 다 팔릴 때까지 잠이 오질 않는다. 그래서 오픈마켓과 쇼핑몰에서의 판매뿐만 아니라 더 다양한 판매 루트를 개척해야만 한다. 새로운 판매 루트는 프로모션 진행이었다. 각 오픈마켓뿐만 아니라 위메프, 티몬과 같은 소셜커머스 MD와 함께 주기적으로 프로모션을 진행했다. 노출이 잘되니 매출이 빠르게 나왔다.

지금도 이 프로모션 방식은 누가 좋은 MD를 만나서 좋은 구좌에 광고를 노출시키느냐에 따라 매출에 상당히 영향을 준다.

해외구매대행 사업이 블루오션이라는 강사는 사기꾼

내가 처음 사업을 시작할 때는 그 어디에도 해외구매대행 사업을 제대로 알려주는 곳이 없었다. 그런데 이것도 하나의 창업 아이템이라 나처럼 강의를 하는 곳이 한두 곳씩 나오기 시작했다.

코로나 팬데믹은 우리 생활의 많은 것을 바꿔놓았는데, 특히 직업에 대한 사람들의 생각을 바꿔놓았다. 그전에는 보통 하나의 직업을 가졌지만, 코로나 이후 직장인들도 적은 시간을 투자해서 돈을 벌고자 하는 니즈가 많이 생기면서 온라인 부업이 각광을 받기 시작했다. 그중에서도 해외구매대행 사업은 큰 리스크 없이 할 수 있기 때문에 정말 많은 사람들이 뛰어들었고, 관련 강의들도 쏟아져 나왔다.

많은 강의와 강사가 나오면서 사람들에게 생소하던 해외구매대행 사업이 하나의 창업 아이템으로 널리 알려지게 된 것은 일면 긍정적인 현상이다. 나도 가끔 강의를 하고 있지만, 강사들은 정말 제대로 된 정보를 가지고 교육을 했으면 한다.

내가 분명 말하지만 해외구매대행 사업은 블루오션이 아니라 레드오션이 될 확률이 높다. 해외 쇼핑몰의 이미지를 캡처해서 오픈마켓에 올리고, 주문이 들어오면 해당 쇼핑몰에서 구매해 판매하는 방식은 누구나 조금만 배우면 시작할 수 있다. 더욱이 셀러가 늘어날수록 아이템 소싱 채널과 상품이 점점 겹치면서 가격 경쟁이 치열해질 수밖에 없다.

이미 미국구매대행 사업은 순 마진율 10%를 넘기기 힘들 정도로 상품이 많이 겹치고 있다. 유럽은 현지 부가세 환급을 받지 못하면 경쟁력이 없어지고 있다. 그나마 중국 타오바오 구매대행은 아직까지는 괜찮다. 상품이 워낙 다양하고 마진율이 높은 상품도 많이 있기 때문이다. 또 타오바오 상품을 수집하는 기술력에 따라서 상품 등록이 잘되는 곳도 있고 안 되는 곳도 있기에 판매자에 따라 경쟁력 우위를 점할 수 있다. 하지만 중국 쪽 소싱은 구매대행이 문제가 아니라 중국 현지 사업자가 쿠팡을 통해서 한국에 직접 진출하고 있기 때문에 이 또한 만만치 않은 상황이다.

그래서 나는 이런 한계를 느껴서 유아용 선글라스를 병행수입 했다. 하지만 병행수입도 경쟁이 있기는 마찬가지다. 내가 대량으로 수입해서 잘 팔고 있는 아이템이 시장에 노출되면 경쟁사는 나보다 더 싼 소싱처를 찾을 것이다. 혹은 더 많은 물량을 사입해 나보다 할인율을 좋게 받을 수도 있다. 또 마진을 적게 남기면서 나보다 싸게 팔 수도 있다. 병행수입도 결국은 경쟁자와 가격 싸움을 해야 된다. 어딜 가나 경쟁이 있기 마련이다.

그래서 내가 마지막으로 도전했던 방식은 해외의 뜨려고 하는 중소기업의 국내 독점판매권을 받는 것이었다.

3-4 오라브러쉬 박람회

이렇게 나는 2013년이 되었을 때, 해외구매대행 사업을 수동 등록
과 대량등록 판매로도 해보았고, 대량으로 수입해서 판매하는 병행
수입 판매도 해보게 되었다. 그래도 늘 경쟁이 치열해서 결국은 해
외 상품을 발굴해 독점 라이선스를 받기로 했다.

'오라브러쉬'의 한국 독점판매권을 받는 조건은 이랬다.

① **라이선스 비용은 없다.**
② **초기 물량 3만 개를 선사입한다.**

비용에 대한 부담이 있었지만 '유통은 나만의 아이템이 있어야한다'는 결론을 내렸기에 선사입을 진행했다. 나는 위 상품을 혼자하기에는 부담이 되어서 사무실을 같이 쓰던 친구와 함께 오라브러쉬 사업을 진행했다. 그리고 3년 정도 후에 좋은 기회가 있어서 오라브러쉬 판권을 다른 회사에 넘겼다.

이처럼 해외 상품을 한국에 판매하는 방식은 해외구매대행, 병행수입, 그리고 독점수입 판매와 같은 형태가 있다. 이 중에서 해외구매대행 사업은 가장 낮은 수준의 유통이라고 볼 수 있으며, 소자본 창업자들이 주로 하는 방식이다. 이 해외구매대행 사업은 점점 경쟁자가 늘어날 것이고 가격 경쟁도 치열해질 것이기에 블루오션이라고 말할 수 없다.

○ 이제 시작하는 사람은 내가 했던 것처럼, 좋은 아이템을 발굴해서 소량 사입, 대량 사입으로 해외구매대행 사업을 시작하고, 더 나아가 본인만의 독점 아이템을 찾는 단계로까지 가야 한다. 이렇게 점진적으로 사업을 반드시 확장해야 한다는 것을 알고 시작하길 바란다.

CHAPTER 4

내가
돈을 제일 많이
벌었던 방법

안 소장이
등장하게 된 사건

나는 1인 글로벌셀러 사업을 개인사업자로 약 3년간 했다. 지금은 글로벌셀러라는 말이 익숙하지만 그때 당시만 해도 너무나 생소한 단어였다. 재고를 보유하지 않고 물건을 판매하는 것 자체가 신기한 사업이기도 했다. 그러다 보니 주변에서 방법을 알려달라는 요청이 많았다. 하지만 나는 온라인 판매에만 집중하고 싶었고, 교육에는 관심이 없었기에 계속 거절하고 있었다. 그러다가 글로벌셀러 창업 교육을 하기로 결심하게 된 계기가 생겼다.

어느 날, 친한 지인이 나에게 이렇게 말했다.

"안 대표! 나도 글로벌셀러 해서 돈 벌고 싶은데, 안 대표가 강의 안 해주면 안 대표가 들었던 그 학원 가서 돈 내고 들을 거야."

내가 해주지 않으면 당장 그 학원으로 달려갈 기세였다. 그러면 나와 같은 불필요한 시행착오를 겪어야 할 텐데… 안타까운 마음에 어쩔 수 없이 가르쳐주기로 했다. 이렇게 해서 나는 교육 사업을 하게 되었다.

이왕 비용을 받고 교육을 통해 내 경험과 노하우를 알려줄 것이라면 제대로 사업자를 내서 하기로 했다. 교육생들이 교육비를 비용 처리할 수 있게 세금계산서를 끊어주었다. 사람들에게 글로벌셀러를 더 많이 알리고, 나보다 더 많은 매출을 일으키는 셀러들을 육성해서 추후에는 그 사람들과 이 시장을 리딩하고 싶은 마음이었다. 그렇게 필자의 글로벌셀러창업연구소(주)는 2012년 12월 1일자로 출범했다.

처음에는 1:1 컨설팅을 시작했는데, 한국 상품을 해외에 판매하는 방법을 알려주기도 하고, 반대로 해외 상품을 한국에 판매하는 방법을 알려주기도 했다. 소수 인원이지만 나를 믿고 교육비를 내고 오는 분들이기에 하나라도 더 알려주기 위해 지금의 네이버 카페를 만들었고, 거기에서 숙제 검사 및 사후 관리를 하기 시작했다.

그런데 교육생을 관리하기 위해서 만든 카페에 필자가 좋은 정보들을 올리다 보니 점점 카페 회원이 늘어났다. 교육을 받고 싶은 사람도 늘어나면서 교육생도 점점 늘어나기 시작했다. 강의를 할 때 "안녕하십니까? 안 소장입니다"라고 하다 보니 어느 순간 '글로벌셀러창업연구소 안 소장'이 브랜딩이 되어버렸다.

교육 시작 후 3년 정도는 정말 교육이 많았고, 또 교육생 중에서 점점 매출이 나오는 사람이 늘어나면서 셀러 활동과 교육, 컨설팅까지 정말 눈코 뜰 새 없이 바쁜 나날을 보냈다.

그렇게 교육생이 늘어나자 또 한편으로는 부담이 생겼다. 교육 받는 사람이 늘어나면 그만큼 경쟁자가 늘어난다는 것이 걱정이기도 했고, 판매에 성공한 사람이 많아야 교육이 의미가 있기에 교육생의 매출에 대해서도 신경이 쓰여 스트레스를 받기 시작했다.

그래서 교육생들의 매출을 분석해보았다. 매출액은 개인의 노력 차이도 있지만, 상품등록 개수가 많은 영향을 미치고 있다는 것을 알게 되었다. 당시 교육을 하면서 내가 쓰고 있던(내가 그렇게 어렵게 몇 번을 간청해 알아냈던) 기존 업체의 대량등록 솔루션을 교육생에게 소개해줬지만, 정작 사용하는 사람은 별로 많지 않았다. 비용에 대한 부담과 대량등록 솔루션으로 상품을 등록하면 정말 많이 팔릴까 하는 의구심 때문이었다. 결론적으로 대량등록 솔루션을 사용하지 않는 사람은 상품을 많이 등록하지 못해서 매출이 많지 않다는 것을 알게 되었다.

해외구매대행 시장을 본격적으로 연 엔토스의 등장

교육을 하다 보니 대량등록 솔루션이 반드시 필요하다는 것을 알게 되었다. 아무리 아이템 소싱을 잘해도 결국은 상품등록 개수와 매출이 비례하기 때문에 솔루션의 필요성은 그만큼 컸다. 하지만 기존에 내가 사용하던 솔루션은 거의 국내 독점 솔루션이다 보니 비용이 만만치 않았다. 또 상품 수집 및 재고 관리가 빠르게 되지 않는 상황이라서 교육생들에게 대놓고 추천할 수가 없었다.

그래서 교육생들에게만 제공하는 솔루션을 직접 만들기로 했다. 나는 프로그램 개발에 대해 아는 것이 없었기에, 강의를 할 때마다 주변에 좋은 개발자가 있으면 소개해달라고 했다.

당시는 개발비를 줄 여력도 없었기 때문에 잘만 만들어주면 솔루션을 팔아서 개발비를 주겠다고 했다. 그렇게 여러 개발자를 만나서 솔루션을 개발해서 회원들에게 판매했다. 하지만 개발자의 능력이 어느 정도인지 모르는 상태에서 시작하다 보니 나중에 보면 결국 오류가 나기도 하고, 중도에 포기하는 개발자도 나오게 되었다. 제대로 된 개발자를 만나는 것이 정말 어려웠다.

그렇게 시행착오를 계속 하던 중 한 교육생이 본인 회사의 개발자를 소개해주었다. 또 한번 기대를 하면서 상황을 설명해주었고, 그분은 퇴근 후 시간과 주말에 한번 만들어보겠다고 했다. 개발비도 묻지 않고, 시간이 얼마 걸린다는 말도 없이 그냥 묵묵히 한번 해보겠다고만 했다. 그분은 띄엄띄엄 연락하면서 중간 개발 내역을 보여주곤 했다. 그러더니 1년 후 마침내 개발에 성공했다는 연락이 왔다. 그렇게 해서 나온 솔루션이 엔토스(NTOS)이다.

엔토스는 기존 솔루션보다 쉽고 빠르게 대량등록을 해주는 콘셉트였다. 기존 솔루션은 재고 및 가격 관리를 판매자가 했다면, 엔토스는 본사가 직접 매일 한 번씩 자동으로 재고와 가격을 업데이트 해주는 것을 목표로 개발했다. 비용도 기존 솔루션보다 훨씬 저렴했다. 이렇게 론칭된 엔토스는 우리 교육생들에게 너무나 큰 무기가 되었다.

수집하고자 하는 전 세계의 사이트만 찾으면, 엔토스가 쉽고 빠르게 상품을 수집해서 본인만의 쇼핑몰뿐만 아니라 오픈마켓에 대량등록을 해주었다. 해외 사이트가 품절이면 내 사이트도 품절, 해외 사이트 가격이 바뀌면 내 사이트 가격도 바뀌기 때문에 기존 솔루션보다 품절률이 낮았다. 그렇게 나온 엔토스 솔루션을 이용해서 교육생들은 적게는 월 천만 원, 많게는 월 1억 이상의 매출을 올렸다. 이렇게 교육생의 매출도 오르고 나도 교육과 함께 엔토스 사용료를 받게 되어 서로 돈을 벌 수 있는 구조를 만들었다.

안 소장의 신의 한 수, 유닛808!!!

엔토스는 우리 회사뿐만 아니라 교육생의 매출에도 정말 많은 도움이 되었다. 그러다 보니 나에게 교육을 받겠다거나 엔토스만 이용하겠다는 사람이 점점 늘어났다. 그런데 영원한 게 없듯이 엔토스도 위기가 찾아왔다.

엔토스의 월 사용료는 상품등록 개수에 따라 책정 금액을 받고 있었다. 그런데 오픈마켓은 데이터를 긁어다 등록해서 파는 셀러들을 그다지 좋아하지 않는다. 결국 셀러별 상품등록 개수를 무제한에서 10만 개로, 10만 개에서 다시 1만 개로 제한하기 시작했다.

상품등록을 많이 해야 매출이 많이 나오는 것을 알고 있는 엔토스 이용자들에게 상품등록 개수 제한은 너무나 큰 위기로 다가왔다. 이런 위기 상황에서 어떻게 하면 상품등록을 많이 할 수 있을까를 고민하다가 문득 이런 생각을 하게 되었다.

○ **"우리도 오픈마켓을 만들자! 해외구매대행 오픈마켓을 만들어서 우리 셀러들이 1인당 100만 개씩 등록할 수 있는 플랫폼을 만들어보자!"**

이런 무모한 생각을 하게 되었고, 실현 방안을 곰곰이 궁리했다. 그래서 나는 약 3천만 개의 상품을 등록할 수 있는 오픈마켓을 만들기로 결심했다. 이와 관련해서 초기 개발비도 많이 나오기 때문에, 그동안 나에게 교육을 받은 사람이나 엔토스 사용자들에게 '해외구매대행 초토화 전략 발표'라는 것을 통해서 내 생각을 공개했다.

4-1 백만클럽 사업 설명회

○ 그 프로젝트 이름이 '백만클럽'이다. 백만 개씩 등록할 셀러 30명만 모이면 내가 전체 3천만 개를 등록할 수 있는 오픈마켓을 만들 것이고, 네이버 쇼핑에 노출될 수 있도록 하겠다는 전략이었다.

정말 무모한 도전일 수 있었으나, 전략 발표를 통해서 함께 플랫폼을 이끌어갈 회원들을 모집했다. 결과적으로 잘되어서 이 프로젝트에 참가한 분들은 초기에 '유닛808'에서 최소 몇천에서 많게는 월 1억 원 이상의 매출을 내게 되었다.

이렇게 내가 만든 해외구매대행 오픈마켓인 유닛808로 인해서 초기에 함께 했던 셀러들은 계속해서 엔토스를 이용해 100만 개씩 상품등록을 할 수 있게 되었다.

결과적으로 셀러들은 매출이 늘어나서 좋았고, 우리 회사도 엔토스 솔루션 사용료와 함께 매출 수수료를 받을 수 있었기에 매출도 덩달아 뛰었다.

이때가 나뿐만 아니라 교육생들이 해외구매대행 시장에서 제일 돈을 많이 번 시기였다.

| 주문일자 ▼ ☑ | 📅 2018-01-01 일 ~ 📅 2021-12-01 일 |
| 조건검색 | 주문자&수취인-명 ▼ | |

전체 주문수 : 478008 건 총주문금액 : 54,057,150,602 원

4-2 유닛808 판매건수 & 매출

　백만클럽 전략 발표를 했을 때 많은 사람이 "과연 안 소장이 플랫폼을 만들 수 있겠어?", "그게 가능하겠어?"라며 우려를 표했다. 그러나 그동안 나를 지켜보고 신뢰했던 분들이 백만클럽 프로젝트에 합류해서 유닛808이 론칭되었고, 이것을 잘 활용해서 위와 같이 좋은 매출을 만들게 되었다.

　유닛808을 통해 돈을 많이 벌어 결혼한 사람도 있고, 솔루션을 직접 만든 사람도 있고, 중국에 배대지를 차려서 운영하는 사람도 있다. 이렇게 많은 사람이 유닛808을 통해 성공을 거두게 되어 나는 너무나 기뻤다. 우리 회사 또한 제일 즐겁게 웃으면서 일했던 때이기도 하다.

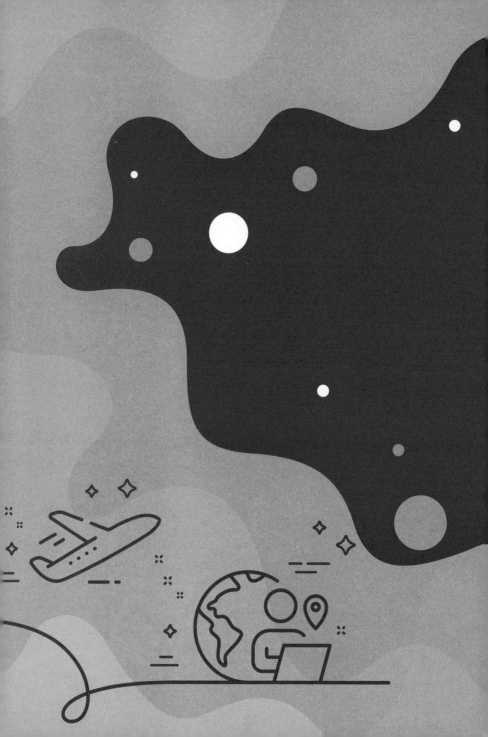

CHAPTER 5

급격하게 바뀐 해외구매대행 시장

위기로 다가온
오픈마켓 정책의 변화

코로나 이후 해외구매대행 시장의 분위기가 많이 바뀌었다. 그
전에는 해외구매대행 사업을 전업으로 시작하는 사람이 많았다. 전
업으로 한다고 해서 모두가 쉽게 돈을 벌 수 있는 것은 아니지만 마
음가짐부터 N잡러와는 다르기 때문에 매출도 확실히 빠르게 나왔다.
그런데 코로나 시기를 겪으면서 전업보다는 온라인 부업으로 돈을
벌고자 하는 사람들이 급격하게 늘어났다. 해외구매대행 사업도 새
로운 부업 아이템으로 주목받으면서 많은 사람이 도전하고 있다.

불과 7년 전만 해도 오픈마켓의 상품등록 개수 제한이 없었기 때
문에 얼마큼 대량등록 솔루션 비용을 많이 내고 시작하느냐에 따라
매출 규모가 판가름났다. 확실히 100만 개 이상 등록한 판매자들은
월 매출 1억 원 이상을 돌파하기가 쉬웠다.

그런데 7년 전부터 오픈마켓들이 무분별한 대량등록을 막기 위해
상품등록 개수를 제한하기 시작했다. 처음에는 한 사업자당 10만
개로 제한했다가 점점 그 수를 줄여, 지금은 마켓별로 약간의 차이
는 있지만 평균적으로 1만 개 정도밖에 등록하지 못하는 상황이 되
었다.

이렇게 오픈마켓이 상품등록 수를 제한하자 셀러들의 대응 방식은 크게 두 가지로 나타났다.

첫 번째는 상품등록 개수 1만 개 내에서 운영하는 방식이다.
이런 셀러는 대량등록 셀러와 다르게 1만 개 안에서 매출을 만들어야 하기 때문에 아이템을 더 정교하게 찾아야 한다. 또 아이템을 오픈마켓에 올린다고 다 팔리는 것이 아니기에 더욱 적극적으로 오픈마켓 MD와 프로모션 딜을 잡거나 키워드 광고 등을 통해서 매출을 만들고 있다. 추가로 본인만의 해외구매대행 쇼핑몰을 만들어서 직접 광고를 돌려서 판매하는 방식을 병행하고 있다.

두 번째는 사업자를 여러 개 만들어서 운영하는 방식이다.
이 방법도 결국 100만 개까지는 등록을 못 하지만, 한 사업자당 1만 개를 등록할 수 있기에 사업자를 수십 개를 내어서 최대한 많이 등록해 판매한다. 사업자를 10개 만들면 10만 개를 등록할 수 있게 된다.

사업자등록증은 임대차 주소 계약만 있으면 낼 수 있다. 임대차 계약은 비상주사무실 서비스를 이용하면 된다. 이렇게 각 지역별로 사업자를 수십 개 내서 판매자 가입을 해 진행하는 것이다.

이는 맞다 틀리다의 문제가 아니다. 오픈마켓이 사업자당 상품 등록 수를 제한하다 보니 이런 방법까지 찾아서 등록하고 있는 상황이다.

사실 이 방법도 오픈마켓에서 동일 대표자면 하나만 인정한다고 해버리면 다시 또 대량등록을 하지 못하는 상황이 올 수도 있다. 하지만 현재까지는 이 방법이 가능하다.

코로나 이후 부업으로 해외구매대행 사업을 시작하는 사람이 급격하게 늘어났다. 여기에 한 사람이 여러 개의 사업자를 만들어서 할 수도 있기에 해외구매대행 셀러들이 정말 많이 늘어났고, 그만큼 경쟁이 치열해졌다.

다들 중국구매대행으로 넘어갈 수밖에 없는 이유

내가 사업을 시작했던 해외구매대행 사업 초기에는 주로 미국과 유럽구매대행을 많이 했다. 그때는 해외직구와 해외구매대행 시장의 초창기로, 한국에서 브랜드 상품을 구입하는 것보다 해외직구나 해외구매대행으로 구입하는 것이 더 저렴하게 살 수 있다는 인식이 생기고 있을 때였다. 그래서 브랜드 상품을 소싱해서 판매하는 게 고객의 반응이 빨랐다.

미국에서 소싱하는 상품들은 브랜드 위주의 의류·패션 쪽이 인기가 많았고, 헬스보충제와 같은 건강기능식품도 많이 판매되었다. 또 미국 사이트 중에서 한국의 라이선스 업체를 보호해주기 위해서 한국 카드를 받지 않는 사이트나 아베크롬비와 같이 현지 오프라인 매장에서만 구할 수 있는 상품들을 소싱해서 판매하는 사람들이 경쟁력이 있었다. 이런 방식은 현지에 믿을 만한 지인이나 파트너를 찾아서 현지에서 구입을 담당하게 하고, 한국 사업자는 주로 상품 등록과 마케팅을 담당하면서 사업을 진행했다.

현지 파트너가 없는 판매자는 자신만의 콘셉트를 정해서 해외구매대행 전문 쇼핑몰을 만들고 대량등록 하는 방식으로 판매를 했는데, 이 방식도 판매가 잘 되었다. 예를 들어 미국 신발구매대행 쇼핑몰, 유아용품 구매대행 쇼핑몰, 등산용품 구매대행 쇼핑몰 등과 같이 특정 카테고리를 정해서 해당 카테고리에 속한 미국 쇼핑몰 리스트를 뽑아서 대량등록 솔루션을 통해서 등록하는 방식이었다.

그러면 상품도 많고 전문성이 있어 보여 한국 소비자에게 통했다.

이렇게 전문몰 방식으로 상품을 등록하려면 미국의 쇼핑몰을 많이 알아야 하는데, 구글에서 하나씩 검색해서 찾기도 하지만 캐시백 사이트를 통해서 해당 사이트를 찾아서 소싱하기도 한다.

5-1 리베이츠미 캐시백 사이트(https://www.rebatesme.com/kr/)

그림 5-1에서 보는 바와 같이 캐시백 사이트와 같은 제휴 마케팅 사이트에는 우리가 모르는 쇼핑몰들이 정말 많이 제휴되어 있다.

캐시백 사이트를 통한 해외구매대행 판매는 대략 이렇게 진행된다.

① 먼저 쇼핑몰 회사들은 새로운 소비자를 모집하기 위해 일정 비율을 캐시백을 해주겠다고 리베이츠미와 같은 제휴마케팅 회사들과 계약한다.

② 그러면 제휴마케팅 회사는 일정 부분 수수료를 남기고, 위 그림처럼 소비자에게 캐시백 요율을 공개한다.

③ 해외구매대행 사업자는 제휴마케팅 사이트를 통해서 특정 카테고리 쇼핑몰 리스트를 찾을 수 있고, 상품을 수집하고 등록한다.

④ 주문이 들어오면 제휴마케팅 사이트를 통해 해당 쇼핑몰로 들어가서 구매를 한다. 그렇게 캐시백 또는 할인쿠폰을 사용해 추가적인 수익을 남기게 된다.

이것이 미국구매대행 사업자들이 주로 하는 방식이다.

그런데 위와 같은 대량등록 콘셉트 판매는 단점이 하나 있다. 수십 개의 쇼핑몰 데이터를 수집해서 등록하다 보니 재고 관리와 가격 관리가 잘 안 된다는 것이다. 전체적인 관리가 잘 안 되다 보니 고객 주문 이후에 실제로 해당 사이트에 가서 구입하려 하면 재고가 없거나 가격이 안 맞아서 환불 처리해주는 경우가 자주 발생한다. 이는 대량등록 솔루션을 쓰는 모든 판매자의 공통적인 고민이기도 하다.

유럽구매대행을 주로 하는 판매자는 반드시 '텍스리펀'과 '한-EU

FTA 적용'을 필수로 받을 수 있어야 한다.

텍스리펀은 부가세를 환급받는 것을 말한다. 유럽은 제품가 안에 현지 부가세가 약 18~20% 포함되어 있다. 따라서 유럽구매대행 사업자는 한국에 판매할 때 최소한의 마진만 붙여도 판매 후 현지 부가세를 환급받을 수 있기 때문에 수익률이 나쁘지 않다. 또 한-EU FTA 적용을 받아서 국내 통관을 할 때 관세까지 면세되면 소비자에게도 저렴하게 판매할 수 있다. 따라서 이 두 가지는 반드시 적용을 받을 수 있어야 경쟁력이 있다.

지금도 이 방식은 먹히고 있다. 이를 무기로 유럽구매대행을 하는 대부분의 사업자는 명품 브랜드 구매대행을 한다. 특히 온라인 구매대행보다 현지 오프라인 매장에서만 구할 수 있는 상품들을 찍어 올리고, 주문이 들어 오면 그때 매장 가서 구매해주는 방식으로 진행하고 있다. 명품 특성상 온라인 쇼핑몰의 이미지보다는 현지 매장에서 찍은 사진들을 소비자들은 더 신뢰하고 구매 전환율이 높기 때문에 여전히 이 방식으로 많이 진행하고 있다.

5-2 유럽구매대행

이와 같은 방식의 구매대행은 현지에 사업자를 가지고 있는 사람
이 경쟁력이 있지만, 단점은 오프라인 매장 특성상 재고가 없을 수
있기 때문에 주문 이후에 품절률이 높은 편이다. 따라서 유럽구매
대행을 하는 사람 중에서 아이템 소싱 능력이 있는 사람은 잘 팔릴
것 같은 상품을 미리 소량 사입해서 판매한다. 그런 사람들이 오랫
동안 이 바닥에서 살아남고 있다.

재고를 미리 사입한다는 것은 결국 자본력의 싸움이기도 하기에
아무나 할 수 없다. 그래서 더더욱 구매대행 사업자와의 격차가 벌

어지고 있다. 그럼에도 불구하고 유럽구매대행 사업으로 경쟁력을 갖추기 위해서는 반드시 현지에 법인을 설립해서 텍스리펀과 한-EU FTA 적용을 받을 수 있어야 한다. 그러면 어쨌든 한국에서 유럽구매대행 하는 사람보다는 경쟁력이 높아지기 때문이다.

일본구매대행 판매자는 마니아 상품, 중고상품, 야후옥션 경매 상품 구매대행을 주로 하고 있다.

한국 소비자가 어떤 일본 상품을 찾을까를 곰곰이 생각해보면 딱히 떠오르지 않는다. 그 이유는 일본을 잘 알고 일본 상품을 좋아하는 특정 마니아층만 찾기 때문이다.

일본인은 특성상 상품 관리를 잘해서 중고시장이 발달해 있다. 일본의 명품 중고시장은 전 세계적으로 유명하다. 그 시장에 뛰어들려면 경매로 낙찰받아야 하는데, 일본구매대행 하는 사람들은 능력이 없어서 쉽게 접근하지 못한다. 그래서 예전에 유행했던 오사카 상품을 구매대행 형태로 진행하는 '오사카 보따리 무역'의 방법이 요새 다시 생겨나고 있다. 하지만 결국 일본구매대행도 현지 법인을 설립해서 부가세 10%를 환급받아야 경쟁력이 있기 때문에, 한국에 있는 사업자가 일본구매대행 사업을 하기에는 어려운 부분이 있다.

○ 이런 미국, 유럽, 일본 구매대행은 상품을 수십만 개에서 수백만 개를 등록할 수 있든지, 아니면 현지 사업자가 있어서 텍스리펀을 받거나 현지에서 소싱할 수 있는 파트너가 있어야 가능한 사업이다. 때문에 이제 막 시작하려는 초보 셀러에게는 진입 장벽이 높은 편이다. 그러다 보니 신규 셀러들이 할 수 있는 국가가 중국으로 좁혀지게 되었다.

이제 막 시작하려는 사업자들이 중국구매대행으로 넘어갈 수밖에 없는 이유는 크게 4가지다.

첫 번째는 상품등록 개수 제한이다. 오픈마켓의 상품등록 개수 제한이 없을 때는 대량등록 솔루션을 통해서 적게는 수십만 개, 많게는 수백만 개를 등록하면 매출이 많이 나왔다. 하지만 상품등록 개수가 1만 개 이하로 제한되었고, 미국이나 유럽 상품은 그 정도로 올리면 팔리지 않는다. 때문에 최소 1만 개 정도의 상품으로도 반응을 기대할 수 있는 중국 상품 소싱으로 옮겨가고 있다.

두 번째는 마진율이다. 미국구매대행은 브랜드 상품이라 마진율이 높지 않아 쿠폰이나 캐시백으로 수익을 내야 한다. 유럽이나 일본은 현지 법인을 설립해서 부가세 환급을 받아야 수익을 챙길 수 있다. 하지만 이제 막 시작하는 셀러는 현지 법인 설립이나 파트너 찾기가 어렵기 때문에 쉽지 않다. 그런데 중국은 저가의 상품도 많고, 마진율이 좋은 상품도 많기 때문에 초보 셀러는 중국 상품을 소싱하는 게 유리하다.

세 번째는 재고 관리다. 미국이나 유럽 구매대행은 아무래도 브랜드 상품이고 특히 오프라인 매장 구매대행은 현지 매장 상황에 따라서 품절률이 높은 편이다. 이에 반해 중국구매대행은 타오바오에서 소싱해서 올려도 주문 이후에 타오바오에서 검색해보면 해당 상품을 판매하는 판매자가 너무나 많기 때문에 다른 판매자에게서 소싱할 수도 있다. 그래서 재고 관리에 스트레스를 덜 받는다. 또한 해당 상품이 경쟁력이 있다고 판단되면 '1688'과 같은 중국 도매 사이트에서 최소한의 재고로 사입해 현지 물류창고에 보관하면서, 바로 배송 상품으로 판매하면 더욱 구매전환율을 높일 수 있다는 장점이 있다.

네 번째는 아이템의 무궁무진함이다. 미국이나 유럽은 한국 소비자가 좋아하는 브랜드가 정해져 있다. 따라서 해당 브랜드 외는 아이템이 많지 않은데, 중국 쪽 소싱은 워낙 아이템이 다양하다. 따라서 셀러들끼리 경쟁도 미국이나 유럽에 비해서 덜한 편이다.

내가 운영하는 사이트의 데이터를 보더라도 특정 상품만 팔리는 게 아니라 너무나 다양한 아이템이 팔리고 있다. 따라서 이제 시작하는 초보 셀러 입장에서는 아이템을 소싱할 수 있는 범위가 다양하기 때문에 본인만의 콘셉트를 잡기에 유리하다. 예를 들어 와인잔 전문판매자, 드론 전문판매자, 인테리어용품 전문판매자 등과 같이 특정 카테고리만 선정하면 된다. 그에 따른 아이템은 무궁무진하다.

돈을 벌기 위해서 무조건 키워야 할 첫 번째 능력

나는 지금까지 해외구매대행 사업을 15년 동안 해오고 있고, 2만 명 이상의 교육생을 배출했다. 그러면서 어떻게 하면 해외구매대행으로 더 많은 돈을 벌 수 있을까를 끊임없이 고민하고 연구했다.

결론은 딱 세 가지 능력을 갖추는 것이다. 이것이 정답이 아닐 수도 있지만, 사업을 하다 보면 결국은 이 세 가지 능력을 키우는 데 집중해야 한다는 것을 알게 될 것이다. 이렇게 자신 있게 말할 수 있는 것은 그동안 너무나 많은 사람들을 만나면서 직접 깨닫고 검증한 내용이기 때문이다.

해외구매대행업을 창업하는 많은 사람이 무엇을 어디서부터 어떻게 해야 하는지 제대로 배우지 않고 시작한다. 당연히 결과가 좋지 않다. 또 제대로 하라고 알려줘도 본인만의 고집과 생각대로 하는 경우도 많다. 이런 사람들은 중도에 포기하는 경우를 많이 봤다.

예를 하나 들어보자. 이제 막 중국구매대행 사업을 시작하기로 한 예비 창업자가 가장 먼저 배워야 할 게 무엇일까? 어떤 사람은 중국구매대행을 하려면 중국어를 잘해야 하니 중국어 학원을 다닌다. 또 어떤 사람은 쇼핑몰 작업을 해야 하기에 포토샵 학원을 다닌다. 또 어떤 사람은 홈페이지 구축한다고 대행사를 찾아다닌다. 그러면서 정작 중요한 어떤 상품을 어떻게 팔아야 할지에 대한 고민은 하지 않는다. 이렇게 가장 중요한 일은 차치하고 잡다한 일에 삽질하고 있는 사람들을 나는 너무나 많이 봤다. 제대로 배우지 않았기에 이와 같은 시행착오를 겪는 것이다.

이번 기회에 내 말을 꼭 새겨듣고 오직 다음 세 가지 능력을 키우는 데 집중하길 바란다.

첫 번째는 아이템 소싱 능력이다. 해외구매대행뿐만 아니라 온라인 커머스 사업은 사실 아이템 소싱 능력이 제일 중요하다. 소싱 방법을 제대로 배우지 않고 그냥 대충 유튜브를 보고 따라 하다 보면 결국 소싱에 대한 자신감이 없어진다. 그렇게 되면 아무 생각 없이 대량등록만 하는(적어도 100만 개 이상 등록) 셀러밖에 될 수 없다. 대량등록만으로도 수익을 올릴 수 있지만, 지금처럼 오픈마켓 상품 등록 개수가 1만 개 이하이면 아이템을 신중하게 소싱할 수 있어야 한다.

여러분은 적어도 필자가 알려주는 방식을 이해하고, 그것을 바탕으로 본인만의 아이템 찾는 법을 개발하길 바란다.

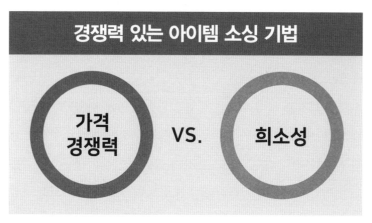

5-3 경쟁력 있는 아이템 소싱 기법

○ **아이템 소싱에 대한 큰 그림은 우선 '가격 경쟁력' 있는 아이템을 소싱할지, 아니면 남들이 안 파는 '희소성' 있는 아이템을 소싱할지를 결정해야 한다. 미리 결론부터 얘기하면 초보 셀러는 가격 경쟁력 또는 마진이 좋은 상품을 소싱하는 것을 추천한다.**

희소성 있는 상품 소싱은 나중에 판매 경험을 충분히 쌓고 마케팅 능력이 될 때 그때 해야 한다. 그렇지 않으면 희소성 있는 상품을 소싱해도 절대 판매를 할 수 없다. 따라서 상대적으로 가격 경쟁력 있는 상품을 소싱하든지 아니면 적정한 마진을 남기면서 판매하길 바란다. 무조건 최저가로 세팅해서 적은 마진을 남기는 것은 추천하지 않는다. 특히 중국구매대행 상품은 최저가가 아니더라도 워낙 아이템이 다양하기 때문에 충분히 적정한 마진을 보면서 판매할 수 있다.

이렇게 가격 경쟁력 또는 적정한 마진을 보고 판매할 아이템에 대한 큰 계획을 짰다면 그다음은 어떤 세부 아이템을 소싱할지 결정해야 한다. 그런데 초보 판매자가 세부 아이템을 선정하는 것은 정말 어렵기 때문에 아래와 같은 방법으로 우선 아이템 시장 조사를 해야 한다.

경쟁력 있는 아이템 소싱하기

5-4 경쟁력 있는 아이템 소싱 방법

　아이템 소싱은 고객이 사고 싶은 또는 살 만한 상품의 '키워드' 또는 '모델명'을 찾는 것에서부터 시작된다. 그렇다면 그런 키워드나 모델명은 어떻게 찾을 것인가? 내가 오랫동안 경험한 것을 바탕으로 정리해보면 다음과 같은 프로세스로 진행된다.

　첫 번째는 경쟁사 분석이다. 이 방법은 아마 이커머스를 하는 사람들이 제일 많이 쓰는 방식일 것이다. 내가 벤치마킹할 경쟁 판매자를 찾아서 해당 판매자가 어떤 상품을 올렸고, 그중에서 어떤 상품이 잘 팔리는지를 분석하는 것이다.

오픈마켓에서 벤치마킹할 경쟁 판매자를 찾았다면 해당 판매자의 미니샵(스토어)에서 → 전체상품 → '누적 판매순' 또는 '리뷰 많은 순'으로 검색해서 결과를 분석하면 된다. 이런 방식은 초보 셀러가 아이템 소싱할 때 제일 쉽고 빠르게 할 수 있는 방식으로, 지금도 나는 이 방법을 많이 교육하고 있다. 우리와 같은 해외구매대행 판매자는 스마트스토어, 쿠팡, 지마켓, 11번가 등에서 해외구매대행 사업자만 찾아서 분석하면 된다.

두 번째 방법은 카테고리 분석이다. 이는 경쟁사 분석보다 더 심플하다. 모든 오픈마켓은 카테고리를 확인할 수 있는데 3차 카테고리까지 들어가서 마지막에 해외직구 → '리뷰 많은 순' 또는 '판매량 많은 순'으로 검색해보면 한 번에 경쟁사를 찾아볼 수 있다.

5-5 카테고리 분석

예를 들어 네이버 쇼핑에서 카테고리별로 경쟁사를 분석하려면 다음과 같이 한다.

검색창 옆에 있는 '카테고리 더보기'를 클릭한 후 1차 카테고리 (가구/인테리어) → 2차 카테고리(거실장/테이블) → 3차 카테고리(서랍장) 클릭하면 카테고리 상품들을 확인할 수 있다.

5-6 해외직구 상품

이렇게 3차 카테고리까지 찾았다면 그다음은 그림 5-6에서 보는 것처럼 '해외직구' 탭에서 '리뷰 많은 순'을 클릭하면 서랍장 카테고리에서 해외직구 상품만 리뷰 많은 순으로 확인할 수 있다.

이후에는 위에서 말한 것처럼 각 셀러의 미니샵에 들어가서 해당 상품을 보고 벤치마킹할 수도 있고, 전체상품 보기 → 누적판매량 순을 클릭해 경쟁 판매자가 어떤 상품을 얼마나 팔고 있는지를 확인할 수 있다.

알고 보면 참 쉬운데 이런 방법조차 모르고 시작하는 분들이 너무 많아서 정말 안타깝다. 뭐든 기본이 되어 있어야 그 다음을 응용할 수 있기에 위와 같은 경쟁사 분석 방법은 꼭 따라 해보길 바란다.

이 카테고리 분석 방법은 네이버 쇼핑뿐만 아니라 모든 오픈마켓에서 비슷하게 할 수 있으니 꼭 응용해서 찾아보길 바란다.

쿠팡 카테고리 분석은 조금 다르다. 우선 쿠팡 메인화면에서 로켓직구 → 국가별 직구 중에서 중국 스토어 선택 → 왼쪽의 카테고리 선택 → 판매량순을 클릭하면 된다.

5-7 쿠팡 중국 직구 상품

이와 같은 방법으로 해외구매대행 상품 중에서 인기 있는 상품을 찾을 수 있다. 특히 쿠팡의 로켓직구 카테고리는 쿠팡에서 잘 나가 거나 잘 나갈 것 같은 상품을 직매입한 상품이기 때문에 어느 정도

검증이 된 상품이다. 우리는 이런 상품을 벤치 마케팅해서 쿠팡이 아닌 다른 마켓에서 파는 전략으로 가야 한다.

세 번째 방법은 취미 상품이나 마니아 상품 소싱이다. 이 방법은 마켓플레이스에서 찾는 것이 아니라 여러분이 좋아하거나 잘하는 것 중에서 해외직구로 고객이 찾을 만한 '키워드'를 찾는 방법이다. 예를 들어 내가 인테리어를 좋아하고 관심이 많다면 인테리어 쪽 상품을 찾아보고, 명품을 좋아하면 명품 카테고리를 더욱 집중적으로 찾아보는 식이다. 이는 단순하게 브랜드 상품만을 소싱하지 않아도 된다. 여러분이 생각지도 못한 다양한 분야에 취미를 가진 사람과 마니아들이 많이 있다. 일단은 여러분이 잘 아는 분야의 카테고리 상품을 찾아보는 것도 하나의 방법이다.

네 번째는 마지막으로 꼭 체크해야 하는 것이 경쟁도 분석이다. 위와 같이 다양한 방법으로 경쟁 판매자의 상품을 찾았다면, 해당 상품의 키워드 또는 모델명이 한국 소비자가 얼마나 찾는지 또는 얼마나 검색하는지 검색 조회수를 확인해야 한다. 이것을 통해 대략적으로 해당 시장을 예상할 수 있다. 해당 키워드의 검색 조회수가 높으면 그만큼 많이 찾는다는 이야기고 조회수가 낮으면 별로 인기가 없는 것이라고 판단할 수 있다. 시장의 활성화와 전망을 분석할 수 있는 기준이 되는 것이 검색 조회수다.

5-8 와인잔 조회수

경쟁사 분석 또는 카테고리 분석을 통해서 와인잔을 찾았다고 가정했을 때 그림 5-8에서와 같이 '와인잔'이라는 키워드를 사람들이 얼마나 조회하는지 봐야 하고 와인잔과 연관된 다른 키워드도 조회수를 확인해야 한다.

○ **절대적인 기준은 없지만, 나는 적어도 한 달에 최소 1000건 이상의 조회수가 나와야 소싱이 의미가 있다고 본다. 즉 팔릴 가능성이 있다고 보는 것이다.**

'와인잔', '고급와인잔', '캠핑와인잔' 등은 생각보다 조회수가 높아서 소싱하기에 좋은 키워드를 찾았다고 볼 수 있다. 하지만 조회수가 높다고 모든 게 좋은 게 아니다. 조회수는 최근 한 달간만 보여주기 때문에 앞으로 조회수가 더 나올 것이라고 장담하기 어렵다. 따라서 추가로 최근 1년간의 검색 트렌드까지 봐야 한다. 해당 키워드가 특별한 시즌에만 검색을 하는지 아니면 사계절 내내 인기가 있는지 등을 보고 최종적으로 결정을 해야 한다.

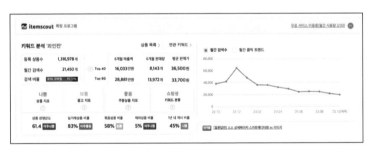

5-9 경쟁 강도 확인

위 화면은 아이템스카우트(https://itemscout.io)에서 와인잔을 분석해본 것이다.

네이버 데이터랩(https://datalab.naver.com/)에서도 분석할 수 있다.

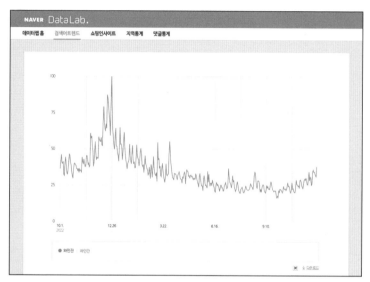

네이버 데이터랩에서 경쟁 강도 확인(와인잔, 검색기간-1년)

이렇게 키워드 조회수까지 분석이 끝났으면 마지막으로 해당 키워드로 얼마나 많은 상품이 등록되어 있는지를 확인하고, 최종적으로 이 키워드로 상품을 소싱할지 여부를 결정하게 된다.

'와인잔'은 검색 조회수는 좋았지만 실제 와인잔으로 등록한 상품 수가 약 130만 개 정도 되기 때문에 그만큼 내 상품을 고객들에게 알리는 데 경쟁이 치열하다는 것을 알 수 있다. 그럼에도 불구하고 와인잔을 소싱할 것인가 아니면 조회수는 상대적으로 낮지만 경쟁 강도가 덜 한 '캠핑와인잔'을 할 것인지는 본인이 결정해야 한다.

자! 정리를 해보자. 돈을 벌기 위해서 무조건 키워야 할 첫 번째 능력은 아이템 소싱 능력이다. 아이템 소싱은 크게 가격 경쟁력 또는 희소성 있는 상품 중에서 소싱해야 하는데, 초보 셀러는 상대적으로 가격 경쟁력이 있는 상품을 소싱하길 추천한다. 그렇다고 너무 최저가에 연연하지 않기를 바란다.

아이템 소싱하는 방법은 다음과 같다.

① **경쟁사 분석, 카테고리 분석을 하고, 취미나 마니아층을 상대로도 키워드를 찾는다.**
② **잘 팔고 있는 판매자 상품이나 전체 판매 데이터를 확인한다.**
③ **팔고 싶은 상품의 제목을 확인한 후 해당 키워드를 찾는다.**
④ **해당 키워드를 조회수와 트렌드 분석을 통해서 인기도를 확인한다.**
⑤ **해당 키워드로 얼마나 상품이 등록되어 있는지를 체크한 후 최종적으로 상품을 소싱할지를 결정한다.**

이 방식은 이미 수많은 셀러들이 하고 있는 방식이다. 이것을 얼마나 숙달해 하느냐 아니면 본인만의 자동화 툴을 이용해서 하느냐의 차이일 뿐이다. 개개인마다 꼼수가 있지만 큰 틀에서는 결국 키워드를 찾는 것이다.

돈을 벌기 위해서 무조건 키워야 할 두 번째 능력

두 번째는 평생 공부해야 하는 영역이다. 그것은 바로 마케팅 능력이다. 소싱하고 싶은 키워드를 뽑았다면 키워드에 맞는 상품을 해외에서 찾아 등록하는 것은 어려운 문제가 아니다. 수동으로 해도 되고 유료 솔루션을 통해서 등록해도 된다. 하지만 그렇게 사전에 시장 조사를 신중하게 해서 올렸다 하더라도 판매를 장담할 수는 없다.

판매 여부는 여러 가지 이유가 있겠지만 본인의 온라인 마케팅 능력에 많이 달려 있다.

마케팅 전략

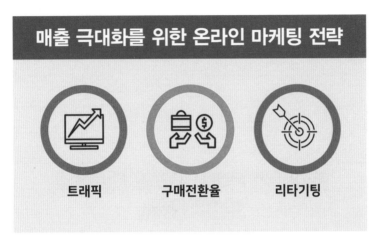

5-10 온라인 마케팅 전략

 위 내용은 마케팅을 좀 한다는 사람은 아주 기본으로 알고 있는 내용이다. 이렇게 다시 한번 강조하는 이유는 기본도 모르고 시작하는 사람이 많아서이다.

 자! 하나씩 공부해보자.

 온라인 마케팅은 첫 번째로 '트래픽'을 이해해야 한다.
 쉽게 말하면, 내가 올린 상품을 누군가가 어디서 보고 해당 상품을 클릭해서 방문하는 것을 트래픽이라고 한다.

여러분이 오픈마켓에 상품을 올렸는데 매출이 일어나지 않는 첫 번째 이유는 바로 트래픽이 발생하지 않았기 때문이다. 즉 누군가가 내 상품을 클릭하지 않았기 때문이다.

그럼 어떻게 하면 내가 올린 상품을 고객들이 클릭할 것인가? 이 부분은 쉽게 이야기하면, 내가 올린 상품의 키워드를 고객이 검색했을 때 내 상품이 검색 결과에서 1페이지에 노출되어야 클릭할 확률이 높다는 것이다. 즉 경쟁자보다 상위에 노출되어야 한다.

그렇다면 어떻게 하면 1페이지에 노출할 수 있을까? 답은 단순하다. 해당 마켓플레이스에서 진행하는 유료 키워드 광고를 하든지 아니면 검색 키워드와 내 상품이 조건이 맞아 로직에 의해 1페이지에 올라가게 하는 것이다. 후자가 더 효과적이다.

각 플랫폼별로 1페이지로 올라가는 랭킹 로직은 다르다.

네이버 쇼핑에서는 랭킹 로직을 공개하고 있다. 이것은 아주 기본적인 것이지만, 초보자 중에는 이것마저 모르고 시작하는 사람도 있다.

5-11 네이버 쇼핑 랭킹순

그림 5-11에서 보는 바와 같이 네이버는 어떻게 하면 내 상품을
1페이지에 올릴 수 있는지를 이미 알려주고 있다.

○ **각 항목별로 구체적인 점수는 네이버만 알 수 있지만,
우리는 '적합도', '인기도', '신뢰도' 지수에서 각 항목별 지수
가 무엇이지 파악하고 점수를 올리면 된다. 네이버는 이 지수
들을 점수화해 점수가 높은 순으로 상단에 배치해준다.**

이 중에서 적합도와 신뢰도 지수는 내용을 조금만 이해하면 여러
분이 직접 세팅할 수 있다. 문제는 인기도 지수이다. 인기도는 누군
가가 내 상품을 클릭하거나 구매를 해야 올라가기 때문에 쉽게 작
업할 수 없다. 그래서 셀러 활동을 하다 보면 네이버 순위 상승을
위한 트래픽이나 가구매를 해주겠다는 광고 회사의 쪽지나 메일을

심심찮게 받게 된다. 이는 당연히 네이버가 싫어하는 어뷰징 행위지만, 이렇게라도 작업을 해야 순위가 올라간다는 것을 알기에 재고를 보유한 업체들은 랭킹 작업으로 순위를 올리기도 한다. 유료 키워드 광고가 아니라면 뾰족한 방법이 없어 판매자 중에는 어뷰징인줄 알지만 이런 작업을 통해서 순위를 올리기도 한다.

다른 오픈마켓도 랭킹을 올릴 수 있는 요소들은 네이버와 비슷하다고 보면 된다.

두 번째로 구매전환율을 높여야 한다.

첫 번째 방법으로 어렵게 1페이지에 올렸다 해도 고객이 내 상품을 구매하지 않으면 아무런 의미가 없다.

구매전환율을 높일 수 있는 것은 가격, 혜택, 리뷰, 신뢰도 등이다. 가격은 당연히 상대적으로 다른 판매자보다 싸야 구매 확률이 높다. 경쟁 판매자와 다른 나만의 혜택을 제공함으로써 전환율을 높일 수도 있다. 또 사전에 내 상품에 대한 리뷰 또는 판매자 신뢰도를 높일 수 있는 상세페이지 작업 등을 해놓아야 한다.

고객은 이러한 것을 전체적으로 보고 구매를 결정한다. 그래서 보통 주력 아이템은 고객에게 신뢰를 줄 수 있게 상세페이지를 더 디테일하게 작업하고, 리뷰 하나하나를 소중하게 관리한다.

세 번째로 리타기팅 기법을 활용한다.

　어렵게 내 상품을 클릭하게 만들어도 그중 일부만 구매를 한다. 나머지 구매하지 않은 고객들이 다시 돌아와서 구매할 수 있게 하는 것이 리타기팅 기법이다. 이는 추가 할인이나 쿠폰 등을 보내어, 고민하고 있는 고객이 다시 와서 사게 하는 방식이다. 내가 어떤 사이트에 한 번 들어갔는데, 그 이후로 나의 페이스북이나 인스타그램 또는 유튜브 피드에 해당 사이트 광고가 뜨는 것을 경험했을 것이다. 그것은 판매자가 리타기팅 광고를 세팅해놓아서 자연스럽게 여러분의 계정에 보이는 것이다.

　○ **결론적으로 정리하면, 온라인 마케팅은 이 세 가지 능력을 키우는 것이다.**

① **고객이 키워드를 검색했을 때 내 상품을 1페이지에 올릴 수 있는 능력**
② **내 상품을 구매하게 하는 구매전환율을 높이는 능력**
③ **구매하지 않은 고객이 내 상품을 다시 와서 살 수 있게 하는 리타기팅 능력**

그런데 이렇게 알려줘도 너무 어려워서 못 하겠다고 생각할 수 있다. 당연하다. 아무래도 초보 셀러는 해야 할 게 너무 많고 특히 온라인 마케팅은 해보지 않았기 때문에 위 세 가지 방법 중에서 단 하나라도 실행하는 게 어려운 일일 수도 있다.

그래도 희망은 있다. 그림 5-11에서 보면 네이버 랭킹 로직의 요소 중 인기도 지수 항목에 '최신성'이라는 것이 있다. 이는 최근에 등록한 상품은 인기도에 반영해주겠다는 의미다. 최근에 등록한 상품은 최신성 점수가 인기도 지수에 반영되어, 1페이지가 아니더라도 어딘가에 노출되어 판매될 확률이 높아진다. 따라서 온라인 마케팅 능력이 다소 부족하더라도 수시로 아이템을 소싱해서 상품을 올려야 한다. 등록 후 안 팔리는 것은 삭제하고 다시 또 올리기를 반복하면서 최신성 점수로 노출되어 판매되는 상품은 랜딩페이지를 더 디테일하게 수정한다. 이렇게 계속해서 상품을 올리고 내리는 가장 초보적인 방법만 잘 활용해도 아무것도 안 하는 것보다는 매출이 많이 나온다. 이것은 이미 검증되었고 확실한 방법이다.

돈을 벌기 위해서 무조건 키워야 할
세 번째 능력

결국 해외구매대행 사업을 성공하기 위해서는 아이템 소싱 능력과 마케팅 능력, 이 두 가지를 최우선적으로 키워야 한다. 모든 사업이 그렇듯이 결국은 아이템과 마케팅의 싸움이다.

세 번째는 사실 개인적으로 제일 중요하다고 생각하는 것이다. 그것은 바로 위 두 가지 능력을 지금 당장 그리고 꾸준히 실천할 수 있는 '실행력'이다.

내가 지금까지 사람들을 만나고 강의하면서 얼마나 다양한 성공과 실패 사례를 봤겠는가? 어떤 사람은 왜 잘 팔고 어떤 사람은 왜 매출이 안 나올까? 그 원인을 오랫동안 찾아봤다.

혹시 내가 제대로 교육을 못해서인가, 사후 관리를 못해서인가, 아니면 프로그램이 문제가 있는가, 그도 아니면 교육생의 능력이 부족해서인가? 경험을 토대로 정말 다양한 원인을 생각하고 분석해본 끝에 내린 결론은 결국 실행력의 차이라는 것을 알게 되었다.

지금 이 순간도 이 책을 보고 난 후 '얼마나 많은 사람이 실천에 옮길까?'라는 걱정이 생긴다. 나는 국내에서 가장 많은 해외구매대행 경험을 가지고 있고, 누적 매출액이 500억 원 이상 나오고 있는 해외구매대행 쇼핑몰도 운영하고 있다. 거기에 누적 수강생 2만 명 이상을 교육한 경험을 바탕으로 가장 최적화된 정답인 '실행력'을 지금 강조하고 있다. 하지만 여전히 어딜 가나 8:2의 법칙이 적용되듯이 실행하지 않는 사람들이 더 많을 것이라고 예상한다.

그래서 나는 스스로 증명해보이기 위해서, 그 누구보다 실행을 꾸준히 하고 있음을 내가 운영하는 카페나 인스타그램 또는 유튜브에 주기적으로 알리고 있다.

5-12 필자의 10년 캘린더

나도 지금의 위치에 오기까지 순탄하지만은 않았다. 아직도 성공을 위해서 해야 할 일들이 많이 남아 있기에 계속해서 노력 중이다. 그림 5-12는 내가 가장 아끼는 주간 캘린더다. 지금까지 거의 10년 이상을 매일 해야 할 일과 스케줄을 매 시간 단위로 적어놓고 실행하면서, 목적이 있는 하루하루를 보냈다. 그렇게 꾸준히 하다 보니 어느덧 저렇게 많은 주간 캘린더가 모아지게 되었다.

캘린더를 살펴보면 그 시기마다 내가 무엇을 주로 하고 있었는지 알 수가 있다. 물론 모든 것을 계획대로 한다고 해서 다 잘되지는 않았다. 하지만 내가 해야 할 일을 계획하고 기록하면서 반드시 실천했다는 것이 나의 가장 큰 무기이자 자산이 되었다. 그렇게 하루하루 실행을 하다 보니 경험과 노하우가 쌓이게 되었고, 준비된 나에게 새로운 사업의 기회들이 찾아오게 되었다.

오프라인 강의를 할 때 내가 꼭 하는 이야기가 있다. "돈을 많이 벌고 싶어서 강의를 듣는 것이라면 적어도 나보다는 더 많은 노력과 실천을 해야 한다"고 말이다. 하지만 지켜보면 나보다 일 하는 물리적인 시간도 적고, 실행력도 약한 사람이 많다. 그 사람들은 여러 가지 핑계를 대며 해외구매대행 사업이 안 된다고 한다.

내가 이 책을 통해서 여러분께 꼭 당부하고 싶은 말이 있다. 그것은 바로 지칠 줄 모르는 일에 대한 '열정'과 반드시 그것을 실행에 옮기는 '실천력'을 갖추라는 것이다. 그러면 어디서 무엇을 하든 여러분은 성공하는 삶을 살 수 있을 것이다. 큰 부자가 아니더라도 누구나 직장생활 이상의 돈을 벌 수 있을 것이라고 나는 자신 있게 말한다.

결국 돈 버는 건
강사, 솔루션 업체, 배대지뿐

코로나 이후 온라인 부업으로 돈을 벌고자 하는 사람이 늘어나면서 해외구매대행 시장도 창업자가 많이 늘어났다. 그러면서 해외구매대행으로 얼마를 벌었느니, 이렇게 하면 돈을 벌 수 있다느니 하는 광고가 유튜브나 SNS 등에서 많이 보이게 되었다.

이런 광고를 누가 하겠는가? 크게 보면 세 가지 부류가 있다.

첫 번째는 해외구매대행 사업자다. 유튜브에서 별 내용도 아닌 것을 강의하는 해외구매대행 강사들을 보면서 본인도 강의를 할 수 있겠다고 생각해서 시작한 사람들이다. 이들은 실제로 해외구매대행으로 직장인 월급 이상을 벌고 있는 사람들로, 본인의 판매 데이터나 경험을 공개하면서 사이드잡으로 구매대행 강의를 한다. 이렇게 판매를 하면서 동시에 교육을 통해 부수입을 올리고자 하는 해외구매대행 강사들이 최근 들어 많이 늘어났다.

어떤 이는 이런 무분별한 강사들이 나오는 것을 비판적으로 말하기도 하지만 나는 당연한 생태계라고 본다. 자신이 가진 경험과 노하우를 비용을 받고 알려주는 게 무엇이 잘못이란 말인가? 물론 해당 강사의 수준에 따라서 다르게 평가할 수는 있지만 해외구매대행 강사로 활동하는 자체가 비난받을 일은 아니다. 오히려 이런 강사들이 많이 나왔기 때문에 해외구매대행 시장이 열렸다고 본다.

두 번째는 솔루션 업체다. 예전에는 아이템 소싱과 상품등록을 수동으로 했지만 이젠 그렇게 무식하게 하지 않는다. 쉽고 빠르게 등록할 수 있는 해외구매대행 사업자용 반자동 솔루션들이 계속 나오고 있다. 이러한 솔루션은 회사마다 기능적인 차이는 있지만 어쨌든 판매자에게는 꼭 필요한 것이다. 솔루션마다 장단점이 분명히 있고, 이용자마다 피드백이 다르기 때문에 판매자는 다양한 솔루션을 써보면서 본인에게 맞는 솔루션을 찾아야 한다.

이런 솔루션 개발 회사가 자사 제품을 알리면서 판매자가 사용하도록 하기 위해 해외구매대행 교육을 진행한다.

세 번째는 배대지다. 결국 누군가의 강의를 듣고 어떤 솔루션을 쓰든지 간에 주문이 들어오면 반드시 배대지를 이용해야 한다. 보통은 솔루션 회사와 제휴된 배대지를 많이 쓰고 있지만, 배대지도 워낙 회사마다 서비스와 사이즈가 다르기 때문에 본인에게 맞는 배대지를 잘 선택해야 한다.

어쨌든 해외구매대행 사업을 하는 사람이 그만큼 많이 늘어났기 때문에 강사, 솔루션, 배대지가 광고를 많이 하고 있는 건 사실이다. 이런 업체들은 셀러들을 상대로 매출이 나오기 때문에 셀러가 많으면 많을수록 매출이 많이 나온다. 결국 셀러 개인보다는 이 세 개 업체가 돈을 더 많이 버는 것이 사실이다.

그렇다고 이 업체들을 비판하거나 부러워할 필요도 없다. 사업을 확장하는 순서의 차이일 뿐이다. 여러분도 해외구매대행 사업으로 매출을 많이 일으키게 되면 본인의 경험과 노하우를 바탕으로 강의를 할 수도 있고, 본인에게 필요한 솔루션을 개발하고 그것을 일반 셀러들에게 판매를 할 수도 있다. 물량이 많이 나와서 중국에 직접 창고를 세팅해서 배대지 사업을 할 수도 있다. 이런 기회는 언제든지 생길 수 있다.

결론적으로 코로나 이후로 해외구매대행 시장의 트렌드가 중국 구매대행으로 많이 넘어갔고, 아이템과 마케팅에 따라 사업자마다 매출의 차이가 많이 나고 있다.

결국 매출 신장을 위해서는 아이템 소싱과 마케팅 능력을 키워야 하는데, 우선순위를 뽑는다면 아이템 소싱이다. 그 이후에는 반자동 솔루션을 사용해 상품을 수시로 올리고 내리면서 최신성을 반영해서 매출을 일으키면 된다. 이것으로도 부족하면 사업자를 많이 내어서 남들보다 많이 등록하는 게 매출을 올리는 가장 현실적인 방법이다. 수많은 셀러들이 이러한 방식으로 돈을 벌고 있다.

이런 모든 방법을 알려줘도, 무엇보다 본인의 강한 실행력이 뒷받침되어야 하는데 생각보다 열심히 하는 사람들이 많지 않다. 결국 구매대행 강사, 솔루션, 배대지 업체가 돈을 제일 많이 버는 상황이 되고 있다.

셀러는 이러한 시장 흐름과 트렌드를 제대로 파악하고 있어야 한다. 그래야 시장에서 살아남을 수 있는 본인만의 전략을 세울 수 있고 롱런할 수 있다.

CHAPTER 6

도저히
못 참겠다! 그냥
중국구매대행
시장 파괴하자

구파스를 만들게 된 계기

내가 운영하는 회사는 여전히 해외구매대행 플랫폼 '유닛808'을 통해서 상품을 판매하는 게 주력 사업이다. 그래서 코로나 이전까지는 해외구매대행 관련 강의는 많이 하지 않았다. 또 유닛808에 대량으로 등록하는 자체 솔루션을 개발해 나만 쓰고 있었기에, 1만 개 정도 등록하는 셀러들은 경쟁자라고 생각하지도 않았다. 유닛808 사업에 집중했고, 그것으로 충분했기에 강의나 솔루션 개발과 같은 일에는 크게 관심을 가지지 않았다.

그런데 코로나 팬데믹으로 인해 온라인 부업이 활성화되면서 정말 많은 사람이 해외구매대행 사업을 시작하게 되었다. 그 사람들이 여기저기서 강의도 듣고 솔루션도 써보면서 많은 노력을 하지만, 생각보다 매출이 안 나오는 상황이란 걸 나는 인지하고 있었다.

많은 사람이 제대로 된 강사나 멘토를 못 만나 중도에 포기하는 것을 보면서 참으로 안타까웠다. 매출은 아이템 소싱 능력과 상품등록의 개수에 따라 달라지는데, 그것은 솔루션의 문제였다.

내가 개발해서 사용하는 대량등록 솔루션은 하루에 200만 개 정도의 상품을 올리고 내릴 수 있는 솔루션인데, 시중에 나와 있는 중국구매대행 솔루션들은 반자동도 아니고 거의 수동과 같은 솔루션이 많았다. 이런 솔루션으로는 정말 답이 없겠다는 생각이 들었다.

솔루션 자체의 문제일 수도 있으나, 타오바오 상품을 수집하는 솔루션들의 공통적인 문제는 상품 수집 중간에 뜨는 타오바오 인증 창이다. 이것을 해결하는 데 시간이 걸리기 때문에 속도가 나지 않는다. 결국 중국구매대행에서 매출을 만들기 위해서는 판매자가 아이템 소싱 능력이 탁월하거나 타오바오 수집이 빠르게 되는 반자동 솔루션이 있어야 했다. 그런데 내가 보기에는 제대로 된 솔루션이 없었다. 그래서 다시 한번 제대로 된 솔루션을 개발하기로 했다.

어차피 많은 사람이 중국구매대행 창업에 뛰어들고 있다면 나의 경험과 노하우를 모두 탑재한 솔루션을 만들어 제공하자. 그러면 판매자도 좋고 우리 회사도 추가적인 수익을 낼 수 있을 것이다. 그렇게 해서 만든 솔루션이 구파스(GUPAS)다.

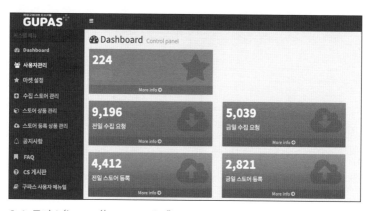

6-1 구파스(https://gupas.co.kr/)

구파스는 과연
중국구매대행 시장을 파괴할 것인가?

구파스(GUPAS)가 무슨 의미일까? 내가 네이밍을 했는데 '구매대행 파괴자들'의 약자이다. 이렇게 무섭게 이름을 지은 이유는 현존하는 구매대행 시장을 파괴할 만한 강력한 무기라 생각해서이다.

6-2 구파스 전략 발표

나는 아주 중요한 전략을 발표할 때에는 1년에 한두 번 정도 대형 콘퍼런스를 한다. 이렇게 하는 이유는 회원사들과 함께 성장할 수 있는 중요한 프로젝트를 공개하면서 회원사들의 평가를 받기 위해서이기도 하다.

구파스 또한 가장 먼저 오프라인에서 회원사에게 공개했고, 반응은 예상했던 대로 해외구매대행 시장을 파괴할 정도로 위협적이라는 것이었다.

그렇다면 과연 구파스에는 어떤 기능이 있길래 이렇게 위협적일까?

첫 번째는 해외구매대행 사업자들의 가장 큰 고민인 아이템 소싱을 구파스는 한 번에 해결해준다.

아이템 소싱의 다양한 방법은 앞서 5장에서 설명했다. 아이템 소싱은 먼저 경쟁 판매자가 판매했던 상품을 찾아서 해당 상품의 이미지 또는 키워드를 타오바오에서 검색한다. 이후에 반자동 솔루션을 통해서 타오바오 상품을 수집해 등록한다. 이것이 현재 수많은 판매자가 하고 있는 방식이다. 결국 경쟁 판매자를 얼마나 잘 찾아서, 해당 판매자의 상품을 분석하고, 누가 얼마나 빠르게 상품을 많이 올리느냐에 따라서 매출이 달라진다. 구파스는 아이템 소싱부터 상품등록까지 수동으로 하던 이런 일련의 프로세스를 모두 시스템화했다.

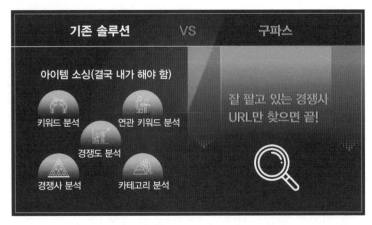

6-3 아이템 소싱

구파스를 이용하면 아이템 소싱을 할 때 사람이 수동으로 했던 키워드 분석, 경쟁사 분석, 카테고리 분석 등의 작업을 하지 않아도 된다. 판매자는 스마트스토어나 쿠팡에서 잘 팔고 있는 중국구매대행 사업자의 미니샵 URL만 찾아서 구파스 프로그램에 넣으면 된다. 그러면 구파스가 해당 판매자가 팔았던 상품 상위 50개를 자동으로 수집해서 해당 판매자의 상세페이지를 보고(베껴오는 것이 아니다.) 타오바오에서 이미지를 검색해서 7대 오픈마켓에 자동으로 등록해준다. 이것이 구파스의 핵심 기술이다.

구파스는 다음과 같이 잘 팔리는 아이템을 알아서 찾아준다.

- 스마트스토어, 쿠팡의 경쟁 판매자의 미니샵 URL을 통한 판매 데이터 수집
- 스마트스토어 해당 판매자의 카테고리별 판매 데이터 수집
- 네이버 쇼핑에서 키워드를 검색해서 인기 있는 상품 데이터 수집

이는 어떻게 보면 경쟁 판매자의 상품을 뺏어오는 것이 아니냐고 생각할 수도 있지만, 이미 수많은 판매자가 경쟁 판매자의 상품을 찾아서 타오바오에서 수집해 등록하고 있다. 이렇게 사람이 하던 것을 구파스는 자동화해서 쉽고 빠르게 등록하게 만들었을 뿐이다.

그런데 구파스가 왜 무서울까? 나는 누차 아이템 소싱 능력과 마케팅 능력을 강조했는데, 구파스의 아이템 소싱 방법은 이미 팔렸던 상품만 찾아서 올리기 때문에 검증이 필요 없다. 마케팅 측면에서 보면 타오바오 상품을 빠르게 수집해서 7대 오픈마켓에 등록해주니 구파스를 쓰지 않는 경쟁 판매자에게는 위협적일 수밖에 없다.

그럴 것이라고 예상은 했는데, 실제로 구파스 안티가 늘고 있다. 그 이유는 자신이 어렵게 아이템 시장 조사를 해서 상품을 올렸는데, 구파스 회원사들이 팔렸던 데이터를 수집해서 올리는 것은 자신의 아이템을 빼앗는 것이라고 오해할 수도 있기 때문이다. 하지

만 다시 한번 더 엄밀하게 말하지만, 이미 그들이나 다른 판매자 모두가 아이템 조사를 할 때 경쟁사를 분석하는 게 제일 많이 쓰는 방식이다. 이것을 구파스는 자동화했을 뿐이지 상도덕에 어긋나는 것은 아니다. 다른 판매자가 만든 상세페이지를 긁어와서 똑같이 올린다면 문제가 되겠지만, 구파스는 경쟁 판매자를 분석해 타오바오에서 직접 이미지를 검색해서 다시 등록하는 것이기 때문에 전혀 문제가 되지 않는다.

6-4 국내 최고 수준의 타오바오 상품 수집

두 번째는 구파스의 탁월한 타오바오 수집 능력이다.

현존하는 국내의 타오바오 솔루션들은 한국 아이피(IP)로 수집하기 때문에 빠르게 상품을 수집할 수 없다. 그 이유는 타오바오에서 상품을 빠르게 긁어가면 본인 인증 슬라이드 인증창이 뜨고, 인증을 해야 수집을 진행할 수 있다. 따라서 타오바오 상품을 빠르게 수집하는 데 한계가 있고, 이것 때문에 솔루션에 대한 불만들이 많다.

하지만 구파스는 한국 아이피가 아니라 중국 현지 아이피로 수집하기 때문에 인증창이 뜨지 않는다. 그렇기 때문에 다른 솔루션에 비해서 쉽고 빠르게 수집하고 등록할 수 있다. 구파스는 오히려 아무 상품이나 대충 올리는 사람이 나올까 봐 현재 하루 수집 개수를 200개로 제한하고 있다. 이는 타오바오 상품을 수집하고 등록하는 것은 구파스에서 빠르게 서포트할 테니 판매자는 제대로 된 경쟁사를 찾는 데 시간을 투자하라는 의미다.

중국 현지 아이피를 구하는 것은 쉽지 않다. 돈을 주고 살 수도 있지만 비용이 한국보다 훨씬 비싸서 그렇게 하면 솔루션 비용이 너무 올라간다. 때문에 구파스의 중국 현지 아이피 확보 기술은 향후 경쟁사가 따라 올 수 없는 강력한 무기 중의 하나가 될 것이다.

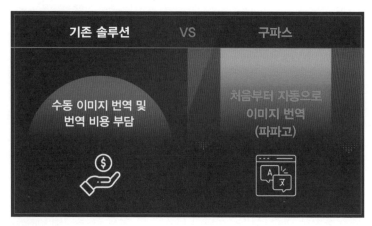

기존 솔루션 VS 구파스

수동 이미지 번역 및
번역 비용 부담

처음부터 자동으로
이미지 번역
(파파고)

6-5 이미지 번역 무제한

세 번째는 이미지 번역 문제다.

국내 오픈마켓에서는 타오바오 상품을 긁어다 올리는 셀러의 상품 중에 상세페이지에 중국어가 있는 판매자를 문제 삼기 시작했다. 앞으로는 더더욱 이런 판매자를 문제 삼을 것으로 예상된다.

그러면 상세페이지를 번역해서 올리면 되지 않느냐고 쉽게 말하지만, 결국은 비용과 기술의 문제다. 기존 솔루션들은 상세페이지를 번역할 때 이미지 내 글자를 수동으로 일일이 지워야 하고, 자동 번역 기능을 탑재하면 이미지 한 장당 최소 몇십 원을 받는다. 때문에 1만 개 상품의 이미지를 모두 번역한다면 한 달에 번역 비용만 수백만 원이 나올 수 있다.

하지만 구파스는 처음부터 이미지 번역을 해서 올려준다. 월 사용료 외에는 추가로 이미지 번역 비용을 받지 않는다. 이 부분도 구파스의 강력한 무기가 되고 있다. 점점 오픈마켓은 상세페이지에 중국어가 들어간 판매자에게 페널티를 줄 것으로 예상되기 때문에 상세페이지 자동 번역 기능은 필수다.

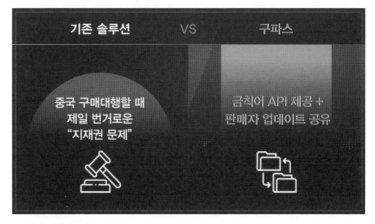

6-6 상표권 문제

네 번째는 상표권 및 지적재산권 문제다.

많은 초보 사업자들이 무턱대고 시작했다가 경찰서나 법무법인에서 내용증명이 날아와 가슴이 철렁한 경험이 있을 것이다. 그 이유는 대부분 타오바오에서 수집한 상품 중에서 한국 상표권에 위반되는 상품이 올라갔기 때문이다. 해당 상표권자는 본인의 상품을 지키기 위해 내용증명을 보낸다.(때론 대놓고 합의금 장사를 하는 경우도 있다.)

이런 일들이 악순환되는 이유는 초기에 프로그램으로 상품을 수집할 때, 상표권이나 지재권에 문제가 되는 키워드를 걸러내지 못하기 때문이다. 상품등록을 할 때 문제가 되는 키워드를 프로그램이 걸러서 안 올라가게 하면 좋은데, 타오바오 수집을 최대한 하기 위해서 각자 서버를 세팅해서 올리는 프로그램들은 이런 단어를 필터링하지 못한다. 그래서 본인이 경험했던 키워드를 나중에 금칙어에 올릴 수밖에 없다.

하지만 구파스는 이미 1억 개 이상의 상품을 등록하면서 축적한 금칙어를 모든 셀러에게 반영해, 기본적으로 수집은 되지만 등록은 안 되게 처음부터 세팅해두었다. 물론 구파스도 100% 완벽하게 모니터링되지는 않지만 신규로 올라오는 상표권이나 지재권 침해 키워드는 수시로 업데이트하고 있다. 만일 구파스를 이용하는 셀러가 내용증명을 받은 경우 해당 키워드를 알려주면 이후에는 등록이 안 되게 본사가 일괄로 막아준다.

부업으로 시작했다가 경찰서에서 연락이 오고 조사를 받게 되면 셀러는 겁이 나서 아무것도 못하게 된다. 구파스는 처음부터 이런 리스크를 줄여주기 위해 금칙어를 일괄로 세팅해주고 있다.

6-7 솔루션 해지

다섯 번째는 비용 문제다.

해외구매대행은 다들 소자본 창업을 하고 싶어서 시작한다. 그런데 효율적으로 일을 하기 위해서는 어쩔 수 없이 이런 유료 솔루션을 사용해야 한다.

보통의 솔루션들은 월 사용료를 내다가 중단하면 해당 판매자가 올린 상세페이지가 액박이 뜨거나 삭제된다. 솔루션 회사 입장에서는 서비스를 이용하지 않기 때문에 상세페이지가 삭제되는 게 맞지만, 판매자 입장에서는 본인이 비용을 내는 동안 정성스럽게 수집해서 심지어 수정까지 해서 올렸는데 솔루션 사용료를 내지 않는다고 삭제하는 것은 불합리하다고 생각할 수 있다. 그래서 구파스는 판매자의 입장을 더 많이 고려해서 매달 사용료를 내다가 더 이상 구파스를 사용하지 않는다 하더라도 상세페이지를 삭제하지 않는다. 구파스 입장에서는 상세페이지를 유지하는 데 최소한의 서버 비용이 들어가지만, 판매자들은 어차피 1만 개를 등록하고 일정 시점이 지나면 불필요하거나 안 팔리는 것을 삭제하고 다시 올려야 하기 때문에 다시 구파스를 이용하러 올 것이라 믿기 때문이다. 그래서 상세페이지를 삭제하지 않는 합리적인 정책을 폈다.

끝으로 구파스는 회원들끼리는 경쟁이 일어나지 않게 시스템화했다.

구파스의 가장 핵심 기능은 아이템 소싱 시간을 최대한 줄여주고, 잘 팔고 있는 경쟁사만 찾으면 그 이후부터는 구파스가 알아서 등록해주는 것이다. 그런데 구파스 이용자가 많아지면 결국 우리끼리 경쟁하는 것이 아닌가 하는 걱정이 들 수도 있다. 그래서 구파스 솔루션을 써서 등록하는 회원들끼리는 서로 수집이 안 되게 기능적으로 막아났다. 우리끼리는 경쟁하지 않는 시스템이다.

구파스는 나의 수많은 사업 경험을 바탕으로, 수강생들의 매출을 어떻게 하면 늘릴 수 있을까를 끊임없이 고민한 끝에 나온 마지막 솔루션이다. 정말 구매대행 시장을 파괴할 만한가?

결국 앞으로 중국구매대행 시장은 구파스를 이용하는 셀러와 그렇지 않은 셀러로 나눠지게 될 것이다.

노파심에서 다시 한번 명확하게 이야기하지만, 구파스는 이미 수많은 판매자가 아이템 소싱을 할 때 수동으로 하는 경쟁사 분석 방법을 자동화한 것일 뿐 상도의에 어긋나지 않는다.

구파스는 이미 팔고 있는 경쟁 판매자의 잘 나가는 상품들만 찾아서 쉽고 빠르게 등록한다. 그러다 보니 아무래도 기존의 다른 솔루션에 비해서 매출이 정말 빠르게 나오고 있다.

글로벌셀러 판매 후기 >

공지 구파스1기 11월 결산 - 빠른 안정화에 진입

+ 구독   1:1 체험   💬 댓글 13   URL 복사   ⋮

11월 결산
11월은 상품 조정 및 지재권 제품 들 삭제 변경 하느라 등록 양이 많이 줄었습니다. 하루에 절반을 구파스 중국 구매대행에 투자를 하는데, 이제 시간이 좀 버겁습니다. ㅎㅎ 그래도 200건 수집은 하루도안빼고 하고 있고, 하루 마켓 등록은 170-200개 거의 매일 채우려고 노력합니다.
등록양은 줄었는데 교환 및 주문 핸들링 양도 많아지고, 문의 양도 많아지고, 업무 양이 많이 늘어났습니다. 직원이나 알바를 추가해야 할 것 같은 시점이 왔습니다. 올라간 상품이 많아지니 이래저래 조정 할게 많네요. 암튼 바빠도 잘되니까 너무 기쁩니다.
보통 부업자들이 월순이익 300정도를 목표로 하니까, 2개월 만에 이렇게 순이익이 안정권이 드는건 기관총하고 구파스 솔루션이 적중했기 때문이라고 봅니다. 노트북 한대나계속 기관총 돌려서 데이터 수집하고 있어요.
매크로도 빨리 등록이 되서 참 좋고, 이제 플러그인은 없으면 안될정도로 너무 편해서 좋습니다. 시스템도 점점 익숙해서 편해지는것 같습니다.
하루 200건 올라가면 삭제할 데이터가 많아지는게 타오바오랑 미 매칭되어 잘못 올라간 건들은 상당히 많아서 보완이 필요해 보입니다.
꾸준히만 하면 데이터가 쌓여서 1년 이후로, 좋은 그림이 반드시 생길것으로 예측이 되어 비전이 보입니다.
취소율이 약 20% 되는거 같아요. 취소 데이터 빼고 아래와 같네요.

주문건수 : 148
매출 : ₩14,892,700
마켓수수료 : ₩1,092,546
배송료 : ₩ 1,044,590
순이익 : ₩ 3,254,108

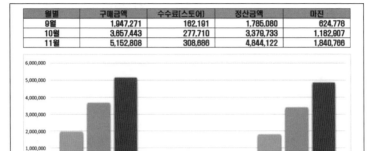

월별	구매금액	수수료(스토어)	정산금액	마진
9월	1,947,271	162,191	1,785,080	624,778
10월	3,657,443	277,710	3,379,733	1,182,907
11월	5,152,808	308,686	4,844,122	1,840,766

매출 금액 분석입니다. 10월 대비 주문 개수는 많은 상승은 없으나 주문 금액이 오르게 된것은

매우 고무적입니다. 초반에 닥등을 하며 마켓 유입을 위해 저단가로 뿌려두었던 상품 등록되어 있는 것들을

삭제하며 객단가를 조금씩 올리는 작업을 하고 있는데 이 부분이 매출 상승에 도움이 되었던거 같습니다.

12월은 다시 내부적으로 한단계 업그레이드를 위해 고민중입니다.

11월은 알바생 교체와 변화도 생겼고 구파스를 사용하는 사업자는 두개인데 한개는 만개 다채워서 리뉴얼 중이고

하나는 이천개 정도 되는거 같습니다..사업 구상으로는 12월에 추가를 할까도 고려중입니다.

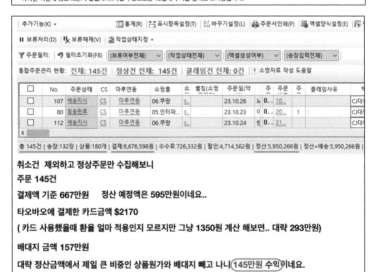

취소건 제외하고 정상주문만 수집해보니

주문 145건

결제액 기준 667만원   정산 예정액은 595만원이네요..

타오바오에 결제한 카드금액 $2170

(카드 사용했을때 환율 얼마 적용인지 모르지만 그냥 1350원 계산 해보면.. 대략 293만원)

배대지 금액 157만원

대략 정산금액에서 제일 큰 비중인 상품원가와 배대지 빼고 나니 145만원 수익 이네요.

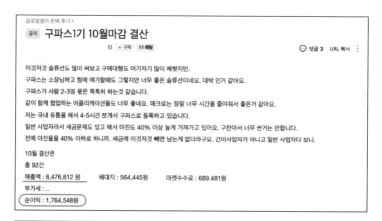

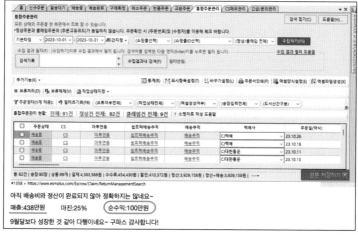

6-8 구파스 판매 사례(사업자 1개 기준)

필자 카페에서는 구파스 이용자들이 매일 사업일지를 올리고 있는데 그림 6-8은 그중 몇 분의 사업일지다. 시작한 지 한 달밖에 안 되었고 구매대행을 대부분 처음 하는 분들이다. 이분들은 내가 알려준 방식으로 경쟁사를 찾기만 하고 나머지는 구파스를 통해서 쉽고 빠르게 등록했을 뿐이다. 하루에 3~5시간 투자로 첫 달부터 이렇게 빨리 순이익이 나오는 것은 이미 팔린 상품들을 올리기 때문이다. 구파스를 통한 판매가 빠른 매출을 가져온다는 증거다. 이제 이를 확장하기 위해서는 사업자를 추가하면서 더 많은 판매자를 분석해서 상품을 올리면 된다.

기존의 구매대행 하는 사람들이 하루에 8시간 일해서 100만 원을 벌었다면 구파스는 하루에 2~3시간 일 하면서 100만 원을 벌 수 있는 방식으로 모든 것을 자동화 및 최적화를 해놓았다. 그중에 가장 어려운 아이템 소싱에 대한 문제를 가장 심플하게 해결했다.

사업의 본질을 이해하라

구파스 이야기를 하다가 뜬금없이 사업의 본질 이야기가 왜 나오지라고 생각할 수도 있을 것이다. 하지만 이 책의 많은 이야기 중에서 이번 섹션이 제일 기억해둬야 할 부분이다.

나는 그 누구보다 글로벌셀러 관련 일을 많이 해온 전문가다. 수 없이 많은 사람을 만나면서 어떻게 하면 내가 준비한 것으로 많은 사람이 수익을 낼 수 있을까를 늘 고민하면서 노력하고 있다. 앞으로 구파스 외에도 더 좋은 서비스 또는 솔루션들이 나올 예정이다.

이번 섹션이 중요하다고 하는 이유는 2만 명 이상의 교육생을 배출하면서 나만이 경험한 여러분의 공통점에 관한 이야기기 때문이다.

○ **사업의 본질은 무엇인가? 그것은 이윤 추구다. 이윤 추구를 위해서 우리는 해외구매대행 사업이라는 창업 아이템을 정했고, 그러기 위해서는 상품을 많이 팔아야 한다. 그러면 많이 팔기 위해서는 무엇을 해야 하는가? 내가 지금까지 그렇게 강조했던, 경쟁력 있는 아이템 소싱과 마케팅이다.**

경쟁력 있는 아이템 소싱은 가격 경쟁력이 있는 상품 또는 희소성 있는 상품에서 찾을 수 있다. 이 중에서 가격 경쟁력이라 함은 최저가가 아니더라도 이미 팔렸든지 아니면 잘 팔릴 것 같은 아이템(키워드)을 찾아 최저가가 아니더라도 일단 등록하는 것을 말한다.

그럼 경쟁력 있는 아이템을 어떻게 찾을 수 있는가? 경쟁사 분석,

카테고리 분석, 시즌 및 마니아 상품 분석 등을 통해서 키워드를 찾고, 해당 키워드의 조회수와 경쟁 강도를 보고 최종적으로 소싱하고 싶은 키워드를 찾는다. 해당 키워드를 찾았다면 타오바오에서 이미지 검색을 해서 내가 판매하고 싶은 상품 이미지를 캡처해서 포토샵 작업을 하고 제목, 가격, 상세페이지 작업을 해서 7대 오픈마켓에 등록하면 된다.

내가 왜 앞에서 이야기했던 아이템 소싱 및 상품등록 프로세스를 다시 이야기할까? 이 방식으로 하면 하루에 몇 개나 상품을 올릴 수 있을까? 전업으로 한다고 해도 5개도 못 올릴 것이다.

자, 다시 사업의 본질을 이야기해보자. 사업을 할 때는 투자 대비 효율성을 따져야 한다. 하루 종일 고생해서 상품 5개 올리는 일을 한 달간 했을 때 150개를 등록한다. 이 상품이 잘 팔릴 것이라는 보장이 있는가? 만약에 한 달 동안 하나도 안 팔렸으면 30일 동안의 수익은 하나도 없다. 나의 인건비가 최저 급여라고 해도 200만 원을 손해보는 것이다. 이것은 정말 효율성이 떨어지고, 이렇게 6개월만 반복하면 그 회사는 망하는 것이다.

내가 말하고 싶은 것은 사업의 본질 중의 하나인 '효율성'을 따져야 한다는 것이다. 아이템 소싱을 하는 일련의 과정을 수동으로 하는 것은 시간 투자 대비 효율이 너무나 떨어진다. 꼭 구파스가 아니더라도 매달 20~30만 원 정도를 투자해서 솔루션을 써야 한다.

대량등록 솔루션은 수동으로 하는 단순 반복적인 작업에 들어가는 시간을 줄여준다. 판매자는 그 시간에 다른 생산적인 일을 해야한다. 그런데 많은 사람이 이런 사업의 본질, 즉 이윤을 추구하기 위해서 어떻게 일하는 것이 효율적인지를 고민하지 않고 솔루션 월 사용료 20~30만원 아끼겠다고 수동으로 삽질을 하고 있다.

수동으로 하루에 8시간 이상 노가다로 상품 찾고, 한 달에 150개도 등록 못 해서 매출은 바닥 치고, 나의 소중한 인건비 200~300만 원을 날릴 것인가? 한 달 20~30만 원 투자해서 8시간 동안 해야 할 일을 한두 시간으로 줄이고, 상품을 1000개 이상 등록해서 최소한 솔루션 이상의 비용을 벌면서 남는 시간에 또 다른 수익 창출을 위한 일을 할 것인가?

스스로에게 물어보라. 나의 시간당 인건비는 얼마인가?

구파스!
어디까지 파괴할 것인가?

나는 사업을 기획하고 실행하기 전에 항상 그 다음까지 그림을 그리고 시작한다. 내가 서비스를 론칭하면 경쟁사들은 늘 깜짝 놀라면서 부랴부랴 준비해서 비슷하게 따라 한다. 하지만 그때쯤이면 나는 이미 그다음을 론칭해서 움직이고 있다.

이 책을 쓰고 있는 지금은 구파스 솔루션을 론칭한 지 몇 달 되지 않았다. 따라서 내가 지금부터 이야기할 내용이 과연 실행되고 있는지 꼭 확인해보길 바란다.

구파스의 첫 번째는 이미 혁신이었다. 기존에 해외구매대행 사업자가 수동으로 하고 있었던 아이템 소싱에 대한 일들을 경쟁 판매자 URL만 찾으면 알아서 타오바오에서 검색해서 7대 오픈마켓에 등록해준다. 그것만으로도 이미 매출이 많이 나오고 있다. 경쟁 솔루션 이용자들은 본인 숍이 구파스 회원들에게 노출되어 벤치마킹의 대상이 될까 봐 걱정하고 있다. 사실 그들도 구파스 패밀리가 되면 본인 숍의 상품이 벤치마킹의 대상이 안 될 텐데, 그저 걱정만 하거나 구파스가 상도의를 벗어났다고 비난만 하고 있다.

나는 내부적으로 정한 인원이 다 차면 더 이상 구파스 이용사를 받지 않을 예정이다. 그래서 정말로 구파스를 이용하는 사람과 그렇지 않은 사람과의 경쟁이 될 것이라고 확신한다.

이렇게 구파스는 아이템 소싱에 대한 모든 고민과 번거로움을 해결해주었기에 판매자는 경쟁 판매자만 찾으면 되고 이후에 주문 처리만 하면 된다.

구파스의 두 번째 그림은 무엇일까? 두 번째는 7대 오픈마켓의 주문 수집 및 배대지 자동 연동이다. 지금은 각각의 오픈마켓에서 주문을 확인하고, 타오바오에서 주문 처리하고, 배대지에 고객 정보를 직접 입력해야 한다. 주문이 하루에 10건만 들어와도 주문 및 배송 처리하는 데 시간이 꽤 걸릴 것이다. 이런 불편함을 줄이기 위해서 타 업체들은 외부의 유료 주문통합 솔루션을 쓰기도 하고, 배대지에 엑셀 일괄 업로드 기능을 만들어서 사용한다. 하지만 구파스는 이용자에게 오픈마켓 주문통합 및 배대지 자동연동 서비스를 무료로 제공하고 있다. 오픈마켓의 주문은 통합되고 이후에 타오바오에서 재고 확인 후 주문을 했다면 클릭 한 번으로 모든 주문 데이터를 배대지에 등록하게 된다. 이후에 받은 한국 송장번호를 오픈마켓에 클릭 한 번으로 등록하면 '배송 중'으로 자동 변경할 수 있게 개발했다.

이렇게 되면 판매자는 오직 잘 팔고 있는 경쟁 판매자만 찾으면 되고, 이후에 타오바오에서 주문 처리만 하면 나머지는 자동화 처리가 된다. 그러면 지금의 1단계보다 더욱 업무 시간을 줄여줄 수 있다. 그럼 어떻게 될까? 효율성이 극대화된다.

구파스의 세 번째 그림은 무엇일까? 두 번째까지만 해도 업무의 효율성을 극대화할 수 있어서 너무 좋은데, 세 번째 그림은 주문, 배송, C/S까지 구파스가 다 알아서 해주는 것이다. 소름 끼치지 않는가?

이렇게 되면 판매자는 경쟁사 URL만 찾아서 상품등록만 하면 된다. 나머지는 구파스가 알아서 다 해준다. 그러기 위해서는 오픈마켓 질문 게시판의 글들을 한 번에 보고 답변을 달아야 하는 ERP

시스템을 개발해야 한다. 각 판매처에 공개된 C/S 번호를 구파스에서 제공하는 번호로 바꾸면 전화 응대까지 가능하다.

과연 이렇게까지 떠먹여 줘야 할까? 그래야 할 것 같다. 그 이유는 부업으로 하는 사람이 많기 때문이다. 코로나 이후 해외구매대행 사업은 전업보다 부업으로 하는 사람이 많이 생겼다. N잡러는 시간 투자를 많이 할 수 없기 때문에 잡무를 최대한 아웃소싱으로 넘기고, 아이템 소싱과 상품등록에만 집중해야 한다. 그래야 일의 효율성이 극대화된다.

구파스의 네 번째 그림은 또 무엇일까? 더 이상 해줄 게 있을까? 나머지 하나가 남아 있다. 그것은 상품등록 문제다.

구파스가 정말 획기적으로 시간을 줄여주지만, 결국 경쟁 판매자를 찾는 것은 판매자가 해야 하고, 그렇게 해서 수집한 상품의 제목, 마진, 추가 배송비 등은 한 번씩 확인하고 등록해야 한다. 이것조차도 귀찮거나 외주로 돌리고 싶은 사람이 있을 것이다. 그래서 경쟁 판매자 분석까지만 하면 판매자가 사전에 알려준 기준을 바탕으로 구파스 또는 외부 제휴사가 상품명 변경, 가격 및 마진 변경, 썸네일 검수 작업을 대신 해주는 것이다.

구파스의 다섯 번째 그림이 남아 있을까? 지금은 중국 타오바오 수집만 하고 있다. 아무래도 타오바오 수집이 제일 높은 기술력을 요구한다. 구파스 패밀리들이 어느 정도 타오바오에서 자리를 잡으면 그다음은 미국, 유럽, 일본 아마존으로 간다. 국가를 확장해서 아이템 소싱을 더 확대할 예정이다. 이미 기술력은 되기 때문에 사이트 분석만 추가하면 되는데, 급하게 하지 않는 이유는 중국이 아닌 다른 나라는 중국만큼 마진이 안 나오기 때문이다.

여기까지만 하면 끝일까? 진짜 구파스 이용자가 많아서 우리끼리 겹칠 수 있다고 판단될 때 마지막은 '위파스'(가칭)다.

위탁판매자 파괴자들! 이건 뭘까? 국내 위탁판매는 국내 도도매 사이트의 상품을 엑셀 또는 API로 다운받아서 올리고, 주문이 들어오면 도도매 사이트에 주문을 넣어 고객에게 배송하는 판매 방식이다. 이런 위탁판매는 온라인 판매를 처음 하는 사람이 많이들 하고 있다.

위파스는 국내 모든 도도매 사이트와 연결해, 경쟁 도도매 판매자의 URL만 넣어주면 알아서 소싱처를 찾아 등록해준다. 이미 구파스에서 구현된 기술이기 때문에 사이트만 추가하면 된다. 무섭지 않은가? 아니다. 원래 수동으로 했던 것을 구파스 또는 위파스가 자동화시킬 뿐이다.

이렇게까지 되면 거의 다 떠먹여 주는 것이다. 그래도 매출 안 나오고 수익이 안 나오면 그 사람은 사업을 접어야 한다.

과연 앞으로 위에서 그린 그림대로 실천하고 있을지 나 자신도 궁금하다. 아마 책이 나오고 얼마 안 되어서 하나하나 실행하고 있지 않을까 웃으면서 상상해본다.

구파스! 이렇게 판매한다

구파스를 이용한 해외구매대행 판매는 다음과 같이 진행된다.

1. 경쟁사 분석을 통해 찾은 상품 판매자의 스토어 URL(스토어 아이디)를 복사해 구파스 수집 창에 입력한다.

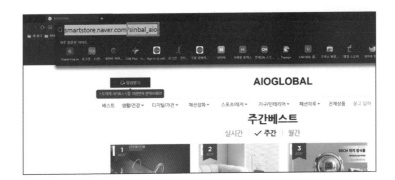

2. 구파스에서 해당 URL을 등록한다. 경쟁사 스토어 아이디 입력 후 **등록** 버튼을 클릭하면 상품을 확인할 수 있다.

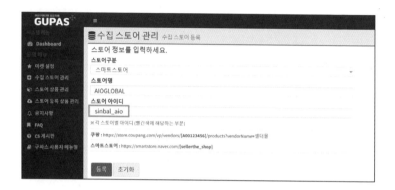

3. 등록된 판매자의 실제 판매된 상품 50개의 상품 정보를 불러와 타오바오를 통해 해당 상품을 수집한다.

4. 수집된 상품을 연동 가능한 7대 마켓에 전송한다.

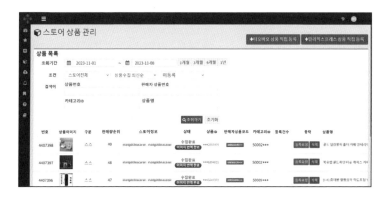

5. 구파스에서 자동으로 세팅된 설정 값에서 잘못된 것이 없는지 중요 항목(카테고리, 배송비, 옵션, 상세 내용)만 한 번 체크한다.

검색 키워드

검색어 입력란

※ 검색어 태그입니다. 원표(,)로 구분해서 입력해주세요.

배송비

※ 추가배송비 필요시 금액을 추가후 수익금액 다시계산 버튼을 눌러주세요.

7000

추가마진

※ 추가마진 필요시 금액을 추가후 수익금액 다시계산 버튼을 눌러주세요.

0

-2kg -4kg -7kg -10kg -15kg -20kg -28kg -35kg -50kg -70kg

부피·가세능협120-160cm   부피·가세능협160이상

마진40% 마진37% 마진35% 마진30% 마진25%

+10,000원 -10,000원 +5,000원 -5,000원 +1,000원 -1,000원 +100원 -100원 판매자보디500원빼기 강제적용-500원(대략옵션이비숫할때)

옵션 (24 건)   수익금액 다시계산   가락보순옵션소입

※ 이미지 클릭 후 옵션 이미지 선택 기능입니다. 드래그 앤드립 으로 순서 변경 가능합니다.

기본번역수정하기 [   ]을 [   ]로 변경하기 옵션정보 가져오기

상품옵션A-Z(첫번째옵션) 신별사이즈(mm/추가) 타오바오 수집스토어 [상품가 : 11,500~배송비 : 6,000 합계 : 17,500]

	색상 분류	금액
	스몰사이즈13.5*11.5*13CM강력	18400
	판매금액 · 원가 · 배송비 · 마켓수수료 + 추가마진 = 수익금액	🗑
	18,400원 5,703원 7,000원 2,392원 0원 3,305원	
	색상 분류	금액
	미디엄15*15*15CM스틸	20800

| 의류 | 신발 | 가방 | 잡화(모자,벨트,악세) | 침구커튼 | 가구 | 영상가전 | 기타잡화 |

상품 정보 상세 고시

기타 재화   ▾

품명 및 모델명	구매대행 특성상 확인이 어렵습니다.
법에 의한 인증·허가 등을 받았음을 확인할 수 있는 경우 그에 대한 사항	상세페이지 참조
제조국 또는 원산지	중국
제조자	중국
A/S 책임자와 전화번호 또는 소비자상담 관련 전화번호	▨▨▨▨▨▨

상세페이지편터 원복하기

상품 상세

맑은 고딕 14▾ B I U S A̶ A▾ ▦▾ ≡ ≡ ≡▾ T!▾ 🖼 ∞

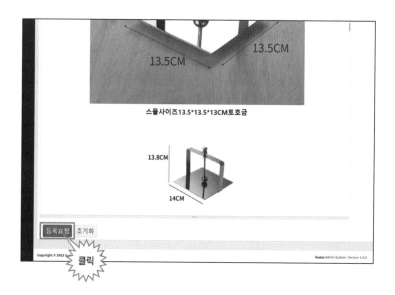

6. 중요 항목 체크 후 **등록요청**을 클릭하면 상품이 등록된다.

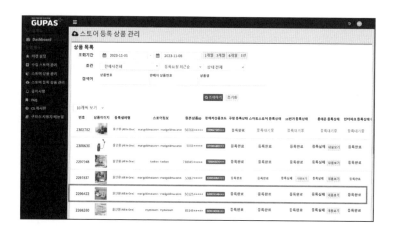

7. 등록 완료된 상품을 내 스토어에서 확인할 수 있다.

　이처럼 구파스를 이용하게 되면 경쟁력 있는 상품을 쉽게 소싱해서 간단한 방법으로 짧은 시간 안에 많은 상품을 등록할 수 있다.

CHAPTER 7

혼자
다 하려고
하지 마라

결국 사업자 싸움

이제 해외구매대행 시장을 파괴할 모든 준비는 끝났다. 5장에서 말한 돈을 벌기 위해서 무조건 필요한 능력(아이템 소싱 능력, 마케팅 능력)이 준비되었다면 마지막 실행력만 남았다.

앞에서 해외구매대행 시장이 미국 및 유럽에서 중국 시장으로 넘어온 상황을 이해했고, 마진율 높은 중국구매대행 사업에서 돈을 더 많이 벌기 위해서는 상품등록 개수가 많아야 된다는 것도 알았다. 이제 실천만 하면 된다.

하지만 오픈마켓별로 사업자 하나당 상품을 등록할 수 있는 수량이 대부분 1만 개 이하이기 때문에 상품을 더 많이 등록하기 위해서는 사업자를 더 많이 낼 수밖에 없다. 이 방법이 무식하다고 생각할 수 있으나, 단순하게 생각해 사업자 10개면 약 10만 개까지 등록할 수 있기 때문에 이미 선수들은 다들 그렇게 하고 있다.

사업자등록증을 내기 위해서는 사무실 임대차계약서가 필요하다. 하나를 낼 때에는 사무실이 없어도 거주지에서 온라인 판매를 하겠다고 하면 되지만, 2개 이상부터는 임대차 주소 계약서가 필요하다.

현재 이커머스 셀러들은 사업자를 여러 개 내기 위해서 비상주사무실 임대 서비스를 이용한다. 비상주사무실 임대 서비스 회사에 연락해 본인이 내고 싶은 개수만큼 이야기하면 각각 임대차계약서를 작성해준다. 그것을 가지고 해당 지역에 있는 세무서에서 사업자등록을 신청하면 된다.

사업자를 여러 개 신청하면 세무서에 따라 다르지만, 왜 이렇게 사업자를 여러 개 내냐고 물어보기도 한다. 그러면 하는 일을 설명하고 오픈마켓에 사업자당 상품등록 개수 제한이 있어서 카테고리별로 따로 등록하기 위해서 사업자가 많이 필요하다고 하면 된다. 대부분은 특별한 사유가 있지 않는 한 임대차계약서만 있으면 승인을 해준다.

임대차 서비스를 해주는 회사는 네이버에 검색하면 많이 나온다. 필자 회사와 전략적 제휴를 맺은 '코워크시티'(https://www.co-workcity.co.kr)라는 회사는 구파스 회원사에게 최대 할인율을 적용해주고, 우편물 보관 및 사후 관리 등 질 좋은 서비스를 제공하고 있다.

7-1 코워크시티

결국 앞으로는 누가 사업자를 많이 내서 오픈마켓에 많이 등록하느냐의 싸움이 될 것이다.

지금은 임대차 주소만 있으면 여러 개의 사업자등록증을 발급하는 것을 세무서에서 크게 문제 삼지 않고 있다. 오픈마켓도 동일 대표자가 여러 개의 사업자를 가지고 있는 것을 막지 않고 있다. 하지만 정책이 언제 바뀔지 모른다. 따라서 만들 수 있을 때 얼른 많이 만들어서 오픈마켓 계정을 확보해놓아야 한다.

처음이거나 1회성 작업은
외주로 맡겨라

제발 부탁한다. 모든 것을 혼자 다 하려고 하지 마라. 오직 아이템 소싱과 마케팅에만 시간을 투자해야 한다. 해외구매대행 사업을 처음 시작할 때에는 세팅해야 할 게 많은데, 그것을 하나하나 검색해 가면서 하다 보면 준비에만 몇 달이 지나간다.

대충 나열해도 해외구매대행 사업을 맘 먹는 순간 해야 할 일들은 아래와 같을 것이다.

① 공부를 어디서 하지? → 유튜브나 책 또는 유료 강의를 찾는다.
② 사업자 상호 정하기 → 넘 고민하지 마라. 아무도 나의 상호를 기억하지 않는다.
③ 비상주 서비스 계약하기 → 사업자를 1개로만 시작할 것이면 집 주소로 해도 된다.
④ 사업자는 어떻게 내지? → 유튜브나 포털에서 검색하면 10분이면 할 수 있다.
⑤ 통신판매업 신고 → 사업자 만들어서 해당 구청에 신고하면 된다.
⑥ 사업자 통장 만들기 → 은행 가서 만들면 된다.

⑦ 업무 환경 세팅 → 사무실과 노트북만 있으면 된다. 처음부터 풀세팅하지 마라.

⑧ 구매안전확인 서비스 가입 → 오픈마켓 셀러 가입할 때 필요하다.

⑨ 화장품제조판매업신고, 건기식제조판매업신고 → 당장 할 필요 없다.

⑩ 쿠팡, 스마트스토어, 지마켓, 11번가, 옥션, 인터파크 등에 글로벌셀러 가입 → 이게 일이 제일 많다.

⑪ 배송 공지 페이지 만들기 → 기존 판매자를 따라 하면 된다.

⑫ 구파스 솔루션 세팅 → 동영상 매뉴얼 정독하고 모르면 바로 물어봐라.

⑬ 상품등록 → 처음에는 완벽하게 올릴 생각하지 말라. 1만 개까지는 올려라.

⑭ 주문 처리 → 해외직구 카드 신청, 배대지 가입 및 예치금 입금

⑮ 안 팔리는 상품 주기적으로 삭제 후 재등록

⑯ 고객 응대 전화 받기

⑰ 오픈마켓 정산 내역 확인하기

와… 그냥 단순하게 생각만 해도 할 게 너무 많다. 이 중에서 오픈마켓 판매자 가입 및 승인에 제일 많은 시간이 소요된다. 처음 하

다 보니 서류가 누락되기도 하고 출고지 및 배송지 입력 오류, 오픈 마켓에서의 처리 지연 등 다양한 요인에 의해 시간이 지체된다. 그래서 나는 오픈마켓 판매자 가입은 외주 업체에 맡기라고 한다. 몇만 원만 주면 모든 오픈마켓 판매자 등록 및 구파스에 API 계정 연동까지 마무리해준다. 몇만 원으로 해결할 수 있는 외주를 맡길 수 있는 일은 가능하면 외주로 맡기고, 시간을 아껴 정작 필요한 것에 투자해야 한다.

오픈마켓 판매자 가입 대행 서비스는 포털에서 '쇼핑몰 김비서'를 검색하면 찾을 수 있다.

제일 중요한 아이템 소싱, 하지 마라

이게 무슨 말인가? 아이템 소싱을 하지 말라고? 오해할 수 있을 것이다. 내가 지금까지 알려준 방식은 이미 정해져 있는 프로세스고, 알려준 대로 하나하나 하면 된다.

① 카테고리 분석 → ② 경쟁 판매자 클릭 → ③ 전체상품 보기 → ④ 누적판매순 → ⑤ 키워드 및 경쟁도 분석을 해서 잘 팔고 있는 상품을 찾아보고 ⑥ 구파스에 해당 판매자의 URL만 넣으면 된다.

혹시 이조차도 번거로운가?

기관총엑셀

요즘에는 이커머스 셀러를 위해서 데이터를 쉽고 빠르게 찾을 수 있는 솔루션들이 정말 많이 나온다. 그중 해외구매대행 사업자들의 판매 데이터를 뽑을 수 있는 '기관총엑셀'(https://www.mgunexcel. com)이라는 솔루션이 있다. 우리 사업에 날개를 달아주는 무기다.

7-2 기관총엑셀 경쟁 판매자 분석 데이터

그림 7-2에서 예시로 보여준 것은 가구/인테리어 카테고리의 해외직구 셀러 데이터로, '기관총엑셀'에서 아주 쉽고 빠르게 이러한 것을 뽑을 수 있다.

이 중에서 우리는 상품 하나하나를 찾아보는 것도 중요하지만, 결국 중국구매대행 사업자인지 그리고 판매자 등급이 어느 정도인지 정도만 확인하고 바로 수집하면 된다. 프리미엄 같은 완전 높은 등급의 판매자는 도매로 사입해서 판매하는 경우가 많다. 그래서 우리는 파워 또는 빅파워 정도의 매출이 나오는 판매자를 찾는 것이 좋다.

참고로 위와 같이 경쟁 판매자의 데이터를 뽑아주는 프로그램은 우리가 수동으로 클릭해서 찾는 방법을 매크로 프로그램으로 돌리는 게 아니라, 네이버에서 제공하는 API를 통해서 데이터를 받아오는 것이기 때문에 문제가 되지 않는다.

'기관총엑셀'을 통해서 이제 우리는 스마트스토어와 쿠팡의 해외구매대행 판매자를 쉽고 빠르게 찾을 수 있게 되었다. 그중에서 어떤 판매자를 선택할지만 결정하면 된다.

기관총엑셀과 구파스가 합해지면 필자가 그렇게 강조했던 사업에 대한 효율성이 극대화되고, 그것은 빠르게 매출로 이어지는 선순환 구조를 가져온다. 이후에는 사업자를 추가해서 계속해서 상품

업데이트만 하면 된다.

설레지 않는가? 한번 해보고 싶지 않은가? 여기까지 책을 읽었다면 당연히 설레야 한다.

오픈마켓 정산이 늦어져서 판매 못 할 일 없는 시대

해외구매대행 창업자들은 대부분 소자본으로 시작한다. 소자본 창업자들이 겪는 가장 큰 어려움은 바로 운영자금이다.

온라인 커머스 사업은 기본적으로 상품을 사입하고 상세페이지를 만들어 등록한 후 판매한다. 오픈마켓 판매자들은 상품 사입에 필요한 자금뿐만 아니라, 상품 판매 후 정산을 받기까지 최소 한 달에서 길게는 두 달까지 걸리기 때문에 생각보다 돈이 많이 들어간다.

해외구매대행 사업은 초기에 물건을 사입하지 않아도 되기 때문에 자금이 많이 필요하지 않다. 다만 주문이 들어오면 신용카드로 해외직구를 하고, 고객에게 배송 완료 후 구매확정이 되어야 정산금이 들어오는 구조는 오픈마켓과 동일하다.

여기서 문제는 신용카드 결제일보다 오픈마켓 정산일이 늦어지는 경우다. 이를 대비해서 해외구매대행 사업자도 일부 운영자금이 필요하다. 얼마의 운영자금이 필요한지 질문하는 것보다 본인이 얼마의 매출까지 감당할 수 있는지 거꾸로 계산해서 판매해야 한다. 그래서 보통은 자금 정산이 빠른 본인만의 쇼핑몰을 운영하거나, 블로그나 인스타그램 등에서 계좌이체를 받는 방식으로 운영하기도 한다.

일반적으로 오픈마켓에서 판매하는 해외구매대행 사업자들은 정산금이 늦게 들어오는 것을 대비해서 신용카드를 여러 개 돌려서 사용한다. 각 신용카드 결제일을 10일, 20일, 말일 이렇게 나눠서 카드 돌려막기 식으로 사용하는 사업자도 있다. 이는 매출이 클수록 정산금에 대한 예측과 신용카드 결제일을 잘 관리하면서 맞춰야 한다. 나는 법인을 운영하고 있고, 1년에 해외구매대행 쇼핑몰 매출만 80~100억 원 정도 사용하기 때문에 마이너스 통장을 최대한 활용해서 자금을 운영하고 있다.

하지만 이런 오픈마켓 정산에 대한 고민도 이커머스 셀러를 위한 핀테크 기업들이 나오면서 이제 해결되고 있다. 바로 오픈마켓 '선정산 서비스'다.

오픈마켓 선정산 서비스는 판매자의 매출 내역을 실시간으로 모니터링해서 예상 정산금을 담보로 해 핀테크 회사가 선정산을 해주는 개념이다. 판매대금 정산 예정 금액을 담보로 미리 정산을 해주고 오픈마켓에서 정산되면 자동으로 원금과 이자를 이체해가는 프로세스다. 이자는 빌린 날만큼 떼어가기 때문에 생각보다 이자가 센 편은 아니다. 그런데 이런 오픈마켓 선정산 회사의 대부분은 국내에서 재고를 보유한 국내 셀러를 대상으로 서비스하고 있다. 해외구매대행 사업자를 위한 선정산 서비스 회사는 많지 않다.

7-3 오픈마켓 선정산 서비스 올라핀테크(https://www.allra.co.kr/)

'올라핀테크'는 해외구매대행 사업자에게도 선정산 서비스를 해주고 있다. 선정산은 개인의 신용을 평가해서 해주는 대출이 아니라 오픈마켓 판매 데이터를 근거로 내가 선정산 받을 수 있는 금액의 총한도 내에서 해준다. 따라서 올라핀테크의 선정산 서비스를 활용하면 주문이 들어왔는데도 운영자금이 없어서 못 파는 일은 없을 것이다. 이제 판매자는 운영자금에 대한 부담을 덜고 많은 상품을 등록해 많이 팔기만 하면 된다.

사업은 구조를 잘 짜야 한다. 자금 운영에 대한 구조는 '신용카드 + 최소한의 운전자금'만 세팅하고, '신용카드 한도 관리 + 정산 관리'는 올라핀테크와 마이너스 통장을 잘 활용하면 매출이 늘어나도 자금에 대한 걱정은 없을 것이다.

시간을 벌어주는 배대지

해외구매대행 사업을 하려면 경쟁력 있는 배대지 선택은 필수다.

여러분은 배대지 선택을 어떻게 하는가? 보통은 강사의 추천을 받거나 광고 또는 검색을 통해서 한다. 그리고 해당 배대지를 이용해보면서 맘에 들거나 큰 문제가 없으면 쭉 이용한다. 보통은 잘 바꾸지 않고 계속 이용하기에 비교의 대상이 없다. 그래서 내가 이용하는 배대지가 좋은 배대지인지 나쁜 배대지인지를 잘 알지 못하는 경우가 많다.

해외구매대행 사업자는 배대지를 잘 선택해야 한다. 특히 중국 구매대행은 배대지 선정이 정말 중요하다.

배대지 선정 시 고려 사항

배대지를 선정할 때는 다음과 같은 사항을 잘 살펴보고 결정해야 한다.

① 배송비 요율: 대부분의 배대지는 물량에 따라 배송비 요율을 다르게 적용한다. 또 기본 배송비는 고객을 모집하기 위해서 낮게 책정하지만, 나중에 알고 보면 온갖 잡다한 추가 배송비를 청구하는 경우도 많다. 심지어 통관비도 실제 관세사 쪽에 내는 금액은 정해져 있는데, 판매자에게 부풀려 청구하기도 한다.

② 무게 책정: 배송비는 보통 500g 단위로 올라간다. 근데 예를 들어 측정한 실제 무게가 1.4kg인데 배대지에서 1.6kg으로 기록해도 한국 판매자는 알 수가 없다. 내가 직접 받아서 측정해볼 수도

없고 배대지를 믿을 수밖에 없다. 이런 점을 악용해서 배송 무게를 약간씩 올려서 받는 나쁜 배대지도 있다.

③ 입고 확인 시간: 배대지는 각 쇼핑몰에서 도착한 상품을 실시간으로 확인해서 입고를 잡는다. 그런데 퇴근 시간 이후에 도착한 상품이나 주말에 도착한 상품은 택배사가 그냥 창고 앞에 두고 '배송완료'라고 체크하고 가는 경우가 대부분이다. 한국의 판매자는 트래킹을 확인해보면 분명 '도착완료'라고 뜨는데 배대지 전산에서는 아직 입고가 잡히지 않는 경우가 발생한다. 이런 일은 배대지도 업무 시간이 있기 때문에 충분히 이해할 수 있다.

그런데 문제는 평일 업무 시간에 도착한 물건도 물량이 많으면 입고가 하루 이틀 밀리는 경우다. 이는 사실 배대지 대표의 의지 문제다. 한국의 사업자는 하루라도 빨리 고객에게 배송해야 하는데, 물량이 많다는 이유로 당일 입고 처리 원칙을 지키지 않으면 판매자만 속이 탄다. 배대지에서 직원들에게 추가 수당을 주더라도 당일에 입고를 잡아줘야 구매대행 사업자들이 믿고 오랫동안 사용할 수 있다.

④ 검수: 검수를 아무리 꼼꼼하게 하더라도 고객이 받았을 때 불

량이 나올 수 있다. 특히 중국 상품은 더더욱 그렇다. 검수 과정이 길면 인건비는 늘어나기 때문에 검수를 얼마나 꼼꼼하게 하느냐는 배대지의 운영정책에 따라서 달라진다.

어떤 배대지는 그냥 입고 잡고 대충 색상, 사이즈만 확인하고 바로 출고시키기도 하고, 어떤 배대지는 상품을 하나하나 뜯어서 사이즈, 색상은 기본이고 불량 여부까지 확인한 후 출고시킨다. 당연히 꼼꼼하게 검수하다 보면 당일이 아닌 다음 날에 출고되는 경우도 있다. 해외구매대행 사업자 입장에서는 현지 상황을 모르기 때문에 배송이 조금만 늦어도 일을 제대로 안 한다고 생각할 수 있으나, 검수만큼은 시간이 걸려도 꼼꼼하게 하는 배대지를 이용해야 한다. 배송 후 반품 이슈가 없는 게 훨씬 더 좋다.

⑤ 재포장: 해당 쇼핑몰에서 도착한 상품을 검수 후에 재포장할 때 현지 쇼핑몰 포장 그대로 하는 경우도 있고, 다시 재포장을 제대로 하는 경우도 있다. 특히 중국 타오바오 상품은 현지 판매자가 포장을 정말 엉망으로 하는 경우가 있어서, 그것을 그대로 한국 소비자에게 보내면 반품 요청이 들어오기도 한다. 이는 결국 시간과 비용의 문제인데, 현지 배대지가 알아서 판단해서 재포장이 필요한 경우에는 해줘야 한다. 그런데 이 부분도 비용이 발생하다 보니 사

정을 잘 모르는 판매자는 왜 재포장을 해서 비용을 추가하느냐고 따지기도 한다. 하지만 재포장은 상황에 따라서 배대지가 알아서 잘 처리해줘야 한다.

⑥ 국내 통관 및 배송: 국내 통관이 빠르고 늦는 것은 한국 세관의 문제다. 인천항에 비해 평택항은 규모도 작아서 느릴 수 있다. 또한 현지 세관 업체와 연결된 국내 택배사가 어디냐에 따라서 배송이 달라질 수 있다. 따라서 배대지는 믿을 만하고 속도와 서비스가 좋은 통관 업체를 선택해야 한다.

⑦ 현지 교환 및 반품: 배대지에서 검수 중 하자를 발견해 판매자에게 알려주면 판매자는 현지 쇼핑몰에서 반품 처리를 해야 한다. 이 과정에서 초보 사업자들은 당황하거나 어려움을 겪는다. 이럴 때 한국에 자체 C/S 사무실이 있어 응대해주는 배대지라면 큰 도움이 된다. 한국 사무실이 없어 중국 사무실과 바로 얘기하다 보면 소통이 쉽지 않고 일 처리가 지연된다. 또 고객의 교환이나 반품 요청이 발생하면 이 상품을 중국으로 보내서 반품할 것인지 아니면 한국 내에서 처리할 것인지를 결정해야 하는데, 이럴 때 국내에 사무실이 있으면 일 처리가 한결 수월하다.

⑧ 배대지 시스템: 판매자는 구매는 직접하고 배송만 배대지에 맡길 것인지 아니면 배대지에 구매와 배송을 모두 맡길 것인지를 결정하고 배대지를 신청한다.

어떤 것을 선택하든 모든 오픈마켓의 주문 처리를 한곳에서 확인할 수 있는지, 주문 데이터를 배대지에 한 번에 등록할 수 있는지, 배대지에서 받은 국내 송장번호를 한 번에 오픈마켓에 등록할 수 있는지를 판매자는 체크해야 한다.

배대지는 사실 이런 것까지 개발할 필요는 없지만, 판매자 입장에서 보면 사업자가 많고 판매량이 많으면 이런 것 하나하나를 수동으로 처리하는 것은 정말 시간과 비용이 많이 들어가는 일이다.

7-4 중국배대지 마루(https://www.malu.co.kr)

위에서 언급한 배대지의 역할 하나하나가 배대지의 경쟁력을 좌우한다. 국가별로 어느 배대지가 최고라고 말할 수는 없다. 각 배대지마다 분명 장단점이 있고, 판매자마다 상황이 다르기에 개별적으로 판단해야 한다.

나는 중국구매대행 사업자에게는 '마루'를 많이 소개한다. 다음과 같은 이유에서이다.

첫 번째는 대표자의 인간성이다. 나는 이게 제일 중요한 요소라고 생각한다. 그동안 수없이 많은 배대지 대표가 나랑 제휴하자고 연락이 왔다. 회원들에게 아주 좋은 조건을 제안해서 진행을 하다 보면 처음과 말이 달라진다. 늘 이것 때문에 상처를 받는다. 그래서 점점 사람을 믿지 않게 되고, 회원들에게도 소개를 안 해주게 된다.

대표자의 인간성은 곧 회사의 신뢰를 말해준다. 마루 대표와의 인연은 벌써 7년이 넘었는데, 항상 말이 앞서지 않고 행동으로 보여준다. 또한 선한 맘으로 회사를 운영하는 것을 오랫동안 지켜봤고, 실제로 회원사들에게도 같은 평가를 받고 있다.

두 번째는 성공한 사업가 중의 한 명이기 때문이다. 중국구매대행 사업자로서 내가 진행했던 '백만클럽' 프로젝트에 참여한 회원이기도 하다. 당시 한 달에 1억 원 이상의 매출을 찍었으며, 직접 중국 위해(威海, 웨이하이)까지 가서 배대지를 세팅했고, 지금은 포워딩 서비스 업체까지 운영하고 있다. 단순히 셀러 출신의 배대지 대표라서 소개하는 것이 아니라, 실제 중국구매대행 사업자의 니즈를 정확하게 파악하고 있고, 그들에게 어떤 서비스가 필요한지를 알고 제공하고 있기 때문이다.

세 번째는 일 처리 능력이다. 그 회사의 대표를 보면 직원들도 대략 알 수 있다. 실무는 물론 직원들이 보고 있지만, 상품 입고부터 출고까지 대표가 직접 챙기고 모니터링을 하고 있다. 최근에 회원 한 분이 입고가 조금 늦어지는 부분에 대해서 이야기를 하길래, 대표에게 확인해보니 이미 해당 내용을 알고 있었고, 검수를 더 디테일하는 게 중요해서 조금 늦어졌다고 했다. 그러면서 당일 입고 처리를 목표로 직원을 더 늘렸다고 했다. 사실 이런저런 핑계를 대도 되는데 정확하게 팩트를 이야기하고 개선 사항까지 말하는 걸 보고 역시나 회사는 대표를 따라간다는 것을 알 수 있었다.

네 번째는 대표가 중국에 있다. 배대지 업체 중에는 대표는 한국에서 영업하고 실무는 현지의 직원들이 하는 경우가 많다. 이런 경우 배대지는 원활하게 돌아가지 않는다. 물류 서비스에서 제일 중요한 것은 빠르게 입고 잡고 검수 잘해서 출고시키는 것인데, 대표가 자리에 없다 보면 문제가 생길 수 있다. 마루 대표님은 거의 중국에 거주하면서 물류를 직접 핸들링하고, 한국 C/S 사무실을 왔다 갔다 하면서 일을 본다. 때문에 물류적인 부분은 판매자가 크게 신경 쓰지 않아도 매끄럽게 운영되고 있다.

끝으로 해외구매대행 사업자를 우선적으로 지원한다. 중국구매대행 사업은 주문 처리에 시간이 제일 많이 소요되는데, 마루에서는 배송대행뿐 아니라 타오바오 구매대행 서비스를 특화해 제공하고 있다. 물론 무료는 아니지만 한국 판매자들은 그만큼 시간을 많이 줄일 수 있다.

이와 같이 마루 배대지는 중국구매대행 사업자들에게 꼭 필요한 서비스와 기능을 제공하고 있다. 구파스를 이용하는 해외구매대행 파괴자들은 마루에서 '주문＋배송 처리＋오픈마켓 '배송 중' 변경＋고객 응대＋교환/반품'까지를 처리할 수 있다.

구파스, 해외구매대행 시장 파괴자들의 진정한 의미는 기존의 해외구매대행 사업자를 죽이는 게 아니라 그들이 했던 주먹구구식의 사업 프로세스를 파괴해 업무의 효율성을 최대한 높이고, 정작 중요한 일에 집중할 수 있도록 하는 프로세스를 만드는 것이다. 이 것이 구파스의 핵심이다.

이게 가능하기 위해서는 마루와 같은 서비스를 제공하는 배대지 가 더욱 많아져야 한다. 마루는 중국구매대행에 특화된 서비스를 하지만 구파스가 미국, 유럽, 일본 시장까지 확장하기 위해서는 제2 의 마루 같은 배대지가 꼭 있어야 한다. 그런 배대지가 꼭 나와주길 기대해본다.

마진을 최대한 확보할 수 있는 비밀 사이트

해외구매대행 사업을 하면서 추가적인 마진을 확보한다는 의미 는 몇 가지가 있다.

첫 번째는 배송비 꼼수이다. 이는 여전히 소비자들에게 먹히고 있지만 요즘의 트렌드는 무료배송 상품을 더 좋아하는 추세라서 강 력하게 추천하지는 않는다.

소비자는 오픈마켓에 판매자가 올려놓은 국제배송비가 실제 배송비인 줄 안다. 실제 배대지에 지출하는 비용이 5000원인데 국제배송비는 9900원 또는 19900원 이렇게 세팅해서 주문이 들어오면 배송비에서 남기는 것이다.

두 번째는 관부가세다. 이는 엄연히 불법이고, 나는 절대로 하지 말라고 한다. 하지만 제대로 배우지 못했거나 겁이 없는 몇몇의 셀러는 이 방식으로 추가적인 마진을 남기는 경우가 있다. 그것은 바로 '언더밸류'다. 상품 가격이 150$ 이상인 상품은 통관할 때 관부가세를 납부해야 한다. 따라서 판매자는 소싱 사이트 상품이 150$ 이상인 경우에는 판매가 안에 관부가세 비용까지 추가해서 소비자에게서 받는다. 그런데 실제로 배대지에 신고할 때는 언더밸류를 해서 150$ 이하로 신고해 관부가세를 내지 않고 통관하는 것이다. 세관에서는 하나하나 확인하기 어렵기 때문에 이런 작은 언더밸류 건에 대해서는 자세히 검사를 안 하는 것을 악용해서, 고객에게는 관부가세를 받고 실제 세관 신고는 낮게 해서 세금을 안 내는 것이다. 이런 언더밸류 방식은 정말 위험한 일이고 불법이니 절대 하지 말기를 바란다.

세 번째는 캐시백과 할인쿠폰이다. 미국과 유럽에서 구매대행을 할 때는 해당 사이트에서 구매할때 쿠폰과 캐시백을 이용해서 추가적인 수익을 남긴다. 그런데 중국 타오바오에서 구매할 때는 여전히 많은 사업자들이 그냥 바로 직구를 한다. 중국 캐시백 사이트를 잘 모르기 때문이다.

7-5 중국 캐시백 사이트 스마일베이츠(https://www.smilebates.com)

  스마일베이츠는 국내에서 유일하게 타오바오 상품을 캐시백 받을 수 있는 곳이다. 이용 방법은 스마일베이츠에 회원 가입을 한 후 → 키워드 또는 URL로 타오바오 상품 검색 → 해당 링크를 통해서 구입하면 스마일베이츠를 통해서 구매 금액의 일정 부분을 돌려받게 된다.

미국이나 유럽의 제휴마케팅은 해당 쇼핑몰이 일괄로 캐시백 요율을 정해서 공개하지만, 타오바오는 해당 판매자가 주고 싶은 캐시백마다 다르게 설정할 수 있기 때문에 상품별로 캐시백 요율이 다르다. 따라서 중국구매대행 사업자는 처음에 상품을 등록할 때에는 그냥 올리지만 이후에 혹시 해당 상품이 캐시백이 있을 수 있으니 주문이 들어오면 스마일베이츠에서 해당 상품을 검색해서 캐시백이 많은 상품을 구매하면 추가적인 마진을 챙길 수 있다.

스마일베이츠는 현지 구매대행 서비스를 해주는 배대지가 캐시백으로 추가적인 수익을 챙기는 용도로도 많이 사용하고 있다.

나는 사업의 효율성을 높이기 위해서는 오직 경쟁력 있는 상품등록에만 신경을 쓰고 주문, 배송, C/S, 반품 처리 등 나머지 일들은 외주로 맡기라고 계속 강조했다. 하지만 아직 외주로 맡기기 힘들거나 본인이 직접 주문 처리를 할 수 있는 여력이 있는 판매자는 이런 스마일베이츠 같은 캐시백 사이트를 적극적으로 활용해 이윤을 극대화해야 한다.

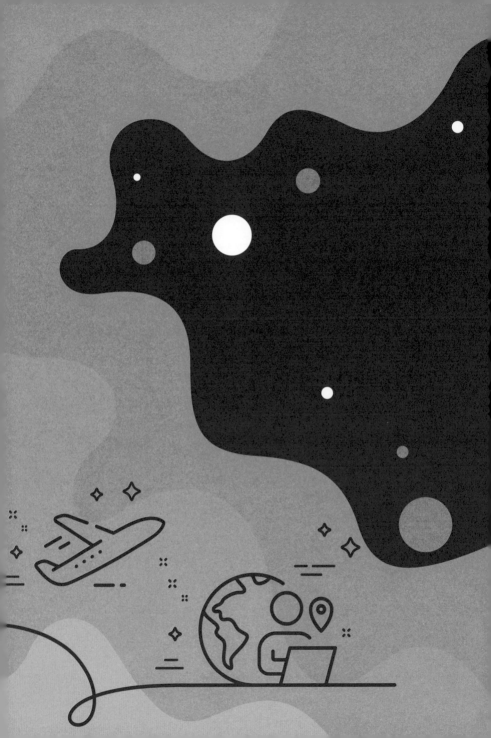

CHAPTER 8

이제부터
돈을 벌기 위한
액션플랜

해외구매대행 사업에 대한 착각 버리기

나는 해외구매대행 사업만 거의 15년 가까이 하고 있어서 그 누구보다 이 시장에 대해 잘 알고 있다. 그래서 자신 있게 말할 수 있다. 앞으로의 정확한 방향과 전략도 알려줄 수 있다. 하지만 내가 알려준 방식대로 한다고 해서 누구나 큰돈을 벌 수 있는 것은 아니다.

경험에 의하면 다음과 같은 착각을 하는 사람이 많은데, 일단 이러한 생각부터 버려라!

- **해외구매대행 사업은 블루오션이다.**
- **무자본 사업으로 큰돈을 벌 수 있다.**
- **진정한 디지털 노마드 사업이다.**

해외구매대행 사업은 15년 전에도 나름 경쟁이 있었고, 지금은 더 치열하고, 앞으로는 더더욱 치열한 시장이 될 것이다. 그 이유는 소자본 사업이고, 누구나 조금만 배우면 할 수 있어 시장진입 장벽이 너무나 낮기 때문이다. 이것을 인지하고 시작해야 한다. 그렇지 않으면 사업을 하면서 만나는 경쟁자들로 인해서 실망하고 포기하게 될 것이다. 경쟁이 있는 시장이라는 것을 처음부터 인지하고, 본인만의 아이템 소싱 및 마케팅에 관한 무기를 만들어야 한다.

무자본 사업으로는 큰돈을 벌 수 없다. 어떻게 자본을 투자하지 않고 많은 돈을 벌 수 있겠는가?

솔직히 말하면, 사업자 하나당 월 순이익 50~100만 원을 만들겠다는 현실적인 목표를 정해야 한다. 그리고 보다 많은 돈을 벌고 싶으면 사업자를 10개로 늘려서 500~1000만 원으로 만들면서 사업을 확장해야 한다.

이러한 방식으로 사업자 하나를 시작해서 점점 늘려갈 것인지 아니면 처음부터 사업자를 수십 개 내서 공격적으로 할 것인지는 판매자가 결정해야 한다. 분명한 것은 여러 개의 사업자로 많은 상품을 등록하면 매출은 분명 그만큼 더 나온다는 사실이다.

해외구매대행 사업이 '디지털 노마드'라고 하는 사람은 강사밖에 없을 것이다. 특히 1인 기업이 해외구매대행 사업을 하는데 여유 있게 언제 어디서든 노트북 하나로 편하게 일할 수 있을까? 절대 그렇게 할 수 없다.

- 아이템 소싱
- 상세페이지 작업
- 오픈마켓 상품등록
- 주문 및 배송 처리
- 고객 응대

이런 일들을 매일매일 해야 하는데 하루에 이걸 혼자서 다 하기에는 분명 시간이 부족하다. 디지털 노마드가 아니라 '디지털 노가다' 사업이다. 물론 1인 기업이 아니라 나처럼 어느 정도 사업이 궤도에 올라서고 직원들이 각자의 업무를 알아서 진행하는 프로세스가 갖춰지면 모를까, 1인 해외구매대행 셀러에게는 디지털 노마드라는 표현이 어울리지 않는다. 모든 것을 혼자서 다 해야 하기 때문에 시간적 여유가 별로 없다.

○ 해외구매대행 사업은 누구나 할 수 있는 시장진입 장벽이 낮은 사업이다. 그래서 이 사업이 끝이 되어서는 안 된다. 처음에는 창업 비용도 많지 않고 리스크도 적어서 해외구매대행으로 사업을 시작할 수 있지만, 이 사업을 통해서 아이템 소싱과 마케팅 노하우를 충분히 쌓고, 결국에는 내가 주력으

로 재고를 사입해서 국내 배송으로 판매할 수 있는 진정한 유통 사업자로 거듭나야 한다.

이 방법대로만 하면 된다

내가 10년 이상 작성한 주간 플래너를 기억하는가? 성공한 사람들의 유튜브 영상을 본 적이 있는가? 결국에는 다들 비슷비슷한 말을 한다. 사실 그게 다이기 때문이다. 이미 우리에게 필요한 정보는 유튜브나 포털에서 얼마든지 찾을 수 있다. 하지만 무엇부터 어떻게 시작해야 할지 정리가 안 된 상태에서 부분별한 정보를 얻다 보면 방향을 못 잡는 경우가 많다. 그래서 내가 마지막으로 정리를 해보겠다.

해외구매대행 사업을 하려면 이 방법대로만 하면 된다.

첫 번째, 본인의 단기 목표를 정해야 한다.

예를 들어 부업으로 한 달에 순이익 100만 원을 3개월 안에 만들겠다. 또는 전업으로 6개월 안에 순이익 500만 원 이상을 만들겠다

등과 같이 명확한 단기 목표를 정하는 것이다.

이런 단기 목표를 정할 때는 해외구매대행 사업에 현재 내가 얼마나 시간과 노력을 투자할 수 있는지를 파악하고, 거기에 맞는 현실적인 목표를 정하는 것이 중요하다.

○ 기억해라! 매출은 상품등록 개수와 정비례한다.

두 번째, 목표를 정했으면 그것을 매일매일 실행하기 위한 액션플랜을 짜야 한다.

이것은 완전 단순하게 생각해야 한다. 상품등록 개수에 따라 매출이 정비례하기 때문에 최대한 많이 등록해야 한다. 상품을 많이 등록하기 위해서는 하루에 등록할 개수를 정해서 무조건 하면 된다. 솔루션마다 기술력의 차이로 하루 등록할 수 있는 개수가 다른데, 구파스는 하루 최대 200개까지 수집이 가능하다. 5대 오픈마켓에 올린다고 가정하면 하루에 총 1000개까지 가능하다. 단순 계산만 하면 하루 200개, 50일이면 1만 개를 등록할 수 있고, 5대 오픈마켓에 등록한다면 5만 개가 노출된다. 나는 구파스 패밀리에게 무조건 하루에 200개를 등록하라고 미션을 주고 있다.

지겹도록 말하지만 이게 전부다. 매출을 더 많이 내고 싶은가? 그럼 사업자 10개 내서 하루에 200개가 아니라 2000개를 수집해서 등록하면 된다.

명심하라! 매일매일 실천해야 하는 구체적인 액션플랜에 반드시 넣어야 할 항목은 하루 상품등록 개수이며, 이것은 어떤 일이 있어도 매일 실천해야 한다.

세 번째, 공개적인 곳에 사업일지를 작성해야 한다.

나 혼자만의 목표와 액션플랜으로 일하다 보면 가끔은 건너뛰게 되고, 그래도 뭐라는 사람이 없기에 다음에 또 반복하게 된다. 그래서 필자의 카페에서는 무조건 사업일지를 작성하라고 한다. 액션플랜에 따른 사업일지를 매일 작성하면 그것을 하기 위해서라도 상품등록을 게을리하지 않는다. 그러면서 일하는 습관이 잡히게 된다.

매일매일 액션플랜에 따라 50일간 사업일지를 작성하는 것은 쉬운 일이 아니다. 하지만 내 사업이고 돈을 벌기 위해서는 반드시 해야 할 일이라고 생각한다면 게을리할 수 없을 것이다.

구파스 회원들 중에는 사업일지를 작성하지 않는 사람도 간혹 있는데, 이런 사람들보다 필자의 의도를 알고 매일매일 사업일지를 작성하는 사람의 매출이 당연히 높게 나온다. 그 이유는 뻔하다. 상품등록 개수가 많으니 당연히 노출도 많이 되고 매출도 많이 나오는 것이다.

		제목	작성일	조회
☐	247854	구파스 사업일지 29일차 (주문 7건) 😄 🕚	00:08	17
☐	247839	구파스 사업일지 28일차 (주문4건) 😄	2023.10.07.	17
☐	247780	구파스 사업일지 27일차 (주문 5건) 😄 [1]	2023.10.05.	23
☐	247759	구파스 사업일지 26일차 (주문3건) 😄 [1]	2023.10.05.	20
☐	247724	구파스 사업일지 25일차 (주문4건) 😄 [5]	2023.10.03.	26
☐	247708	구파스 사업일지 24일차 (주문 8건) 😄 [3]	2023.10.02.	54
☐	247659	구파스 사업일지 23일차 (9월 한달 주문 정리) 😄 [2]	2023.09.30.	48
☐	247649	구파스 사업일지 22일차 (주문1건) 😄	2023.09.29.	16
☐	247635	구파스 사업일지 21일차 (주문5건) 😄	2023.09.29.	23
☐	247616	구파스 사업일지 20일차 (주문 2건) 😄	2023.09.28.	27
☐	247593	구파스 사업일지 19일차 (주문4건) 😄 [2]	2023.09.27.	38
☐	247564	구파스 사업일지 18일차 (주문2건) 😄 [2]	2023.09.26.	36

8-1 사업일지 29일차 누적 판매량

위 판매자의 예를 들어보자. 구파스 프로젝트를 시작한지 29일 차밖에 되지 않았다. 해외구매대행 실무도 제대로 모른 채 오직 내가 알려준 방법대로 실천하고 있다. 그림 8-1에서 보는 바와 같이 초기에는 하루 주문이 1~2개 정도밖에 안 나왔지만 시간이 지날수록 상품등록 개수가 많아지면서 하루 5~7건의 주문이 나오고 있다.

이제 이 판매자가 매출을 늘리기 위해서 해야 할 일은 무엇일까?

○ 첫 번째는 사업자를 늘려서 상품등록 개수를 늘려야 한다.

내가 자신 있게 수도 없이 반복해서 말하지만, 상품등록 개수와 매출은 정비례한다. 사업자를 내기 위한 비상주사무실 서비스 계약 비용은 1년에 20만 원 정도 한다. 이것이 부담되어서 망설이는가? 아니면 매출에 대한 불확신 때문인가? 여러분이 멈칫하는 순간 다른 누군가는 그렇게 치고 나가고 있다.

○ 두 번째는 더더욱 중요한 도매 사입이다.

도매 사입이라 하면 엄청나게 부담스런 비용으로 대량 사입해야 되는 줄 알지만, 중국 도매사이트인 1688은 최소 2개도 도매 가격으로 살 수 있다.

8-2 국내 다도세트 판매자

위 상품은 국내 배송 판매자의 상품이다. 보통 경쟁사 분석을 할 때에는 해외직구 셀러들을 분석하기 때문에 위 판매자와 같은 국내 배송 판매자는 분석 대상이 아니다. 하지만 해외구매대행 특히 중국구매대행을 오래 하고 있는 판매자들은 위 상품을 보는 순간 이것은 브랜드 상품이 아니기 때문에 중국에서 소싱이 가능할 것이라 판단하고 경쟁사 분석을 한다.

8-3 경쟁 판매자 분석

　내가 사용하는 경쟁사 분석 툴을 이용해, 대략적으로 해당 상품의 월 순이익이 약 140만 원이라는 것을 알게 되었다.

　이것은 네이버에서 제공한 데이터를 분석한 결과이기 때문에 어느 정도 정확성이 있다. 이렇게 한 상품의 순이익이 140만 원 정도 나오는 이유는 하루에 2개밖에 팔리지 않음에도 불구하고 마진율이 50%이기 때문이다. 6만 원에 팔아서 마진이 50% 남는다고?

이게 가능한 일인가?

8-4 중국 도매사이트 1688(https://www.1688.com)

    해당 상품을 타오바오가 아닌 중국 도매사이트 1688에서 찾아봤다. 100% 동일한 상품은 아닐 수 있다.(해당 프로세스가 어떤 것인지, 내가 알려 준 방식대로 하면 정말 되는지 검증하기 위한 것이라고 이해하면 되겠다.) 해당 도매사이트에서 상품 가격은 86위안이다.

8-5 1688 가격

　네이버 환율 계산기로 확인한 가격은 약 1만 6천 원이다. 위 상품은 아무리 배송비가 비싸도 1만 원을 넘지는 않는다. 그렇다면 전체 원가가 2만 6천 원이다. 일단 마진율이 50%가 나오는 것은 확인할 수 있다. 그렇다면 도매로 사입하면 부담이 될까? 그림 8-4에서 보는 바와 같이 최소 주문 수량이 2개다. 2개만 사입하면 도매 가격으로 사입할 수 있다.

　위와 같이 이미 팔리고 있는 상품을 더 디테일하게 분석한 후 경쟁력이 있다고 판단되면, 소량으로 도매 가격으로 확보해서 국내 배송으로 판매해야 경쟁력 있다.

○ 세 번째는 중국구매대행의 꽃, 브랜드 론칭이다.

두 번째 방법으로 본인만의 잘 파는 아이템을 발굴하고 그것을 도매로 사입해서 국내 배송으로 판매한 경험이 있다면, 마지막으로 해당 공장을 찾아서 OEM으로 제조해서 나의 브랜드로 파는 것이다.

이것이 바로 유통의 꽃! 나만의 브랜드를 론칭하는 것이다. 그러면 나만의 브랜드 상품이기에 경쟁자가 없을 뿐 아니라 국내 도매업자들에게 도매로도 공급할 수 있다.

자! 내가 알려준 이 방법은 지금 당장 누구나 실천할 수 있다. 이 방법을 믿고 따라 해도 안 되면 우리 회사를 찾아 와라. 내가 직접 당신이 판매하는 방식을 점검해주고 매출이 나올 수 있도록 무료 컨설팅을 해주겠다. 단 내가 알려준 방식대로 제대로 해보고 와야 한다.

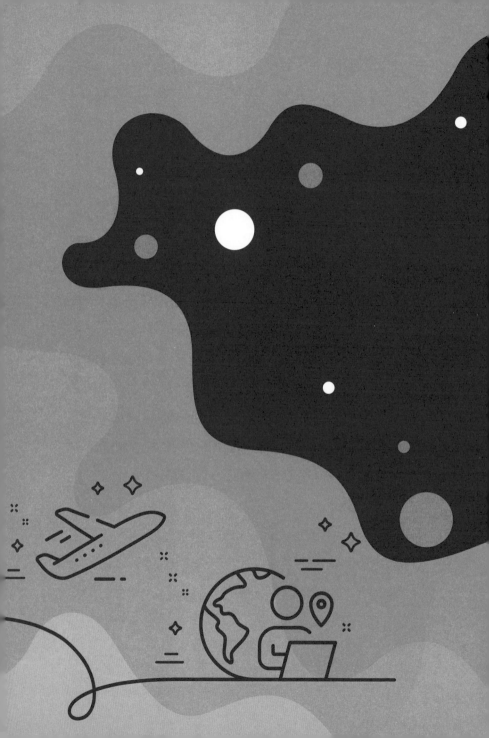

CHAPTER 9

필必 살기!

여기까지 완독하시느라 고생이 많았습니다!

"어, 근데 왜 갑자기 안 소장 말투가 바뀌었지?" 하며 의아해하실 분도 있을 것입니다. 사실 8장까지는 여러분의 마음가짐을 조금 더 강하게 만들고 싶어서 일부러 딱딱하게 말씀드렸습니다.

저는 지금도 3~4개월마다 명함을 200장씩 다시 찍습니다. 그만큼 새로운 사람을 많이 만나고 있습니다. 그리고 저의 특강이나 유료 심화강의를 한 번이라도 들은 분들은 전화번호를 저장해놓는데, 거의 2만 명 이상이 저장되어 있습니다. 이렇게 다양한 사람을 만나다 보니 관상쟁이가 다 된 것 같습니다. 하하^^

수많은 사람이 해외구매대행 사업과 관련해 저에게 도움을 받고자 하거나 제휴를 맺고 싶어 합니다. 그중에서 제일 많이 접하는 분들이 해외구매대행 사업으로 돈을 벌고 싶은 분들입니다. 그런 분들한테 매 순간 진심을 다해서 조언하지만 생각보다 많은 사람이 실천하지 않는다는 것을 알게 되었습니다. 그러면서 점점 말수를 줄이거나 좀 냉정하게 말하는 버릇이 생겼습니다. 그래서 이 책에서도 딱딱한 어투로 얘기한 것 같습니다.

그런데 이제 책을 마무리하는 시점에서, 8장까지 완독하고 마지막 장까지 보고 있는 여러분 정도라면 분명 제가 알려드린 방법을 잘 활용할 것이라는 믿음이 갑니다. 나아가 구파스 패밀리가 되어 해외구매대행 시장을 장악할 수 있을 것이라는 기대도 됩니다.

그래서 여러분이 이 책을 통해서 해외구매대행 시장의 트렌드와 앞으로 어떻게 살아남을지에 대한 영감을 얻으시길 진심으로 바라는 마음에서, 마지막으로 필(必)살기 하나를 공개하면서 이 책을 마무리하고자 합니다.

이것을 공개하는 순간 또 아는 사람과 모르는 사람으로 나눠지게 될 것입니다.

핀둬둬

판매자는 주문이 들어오면 보통은 타오바오에서 이미지 검색을 통해서 상품을 찾고 구매하게 됩니다. 그런데 지금 중국은 타오바오보다 이미지도 깔끔하고 저렴하면서 배송도 빠른 '핀둬둬'(pinduoduo)라는 사이트가 대세입니다. 핀둬둬는 타오바오의 강력한 경쟁사로 급부상하고 있으며, 상품 검색도 이미지를 캡처해서 찾는 방식이 아니라, 사고 싶은 이미지에서 카메라를 켜기만 하면 알아서 이미지 캡처해서 가격비교까지 해줍니다.

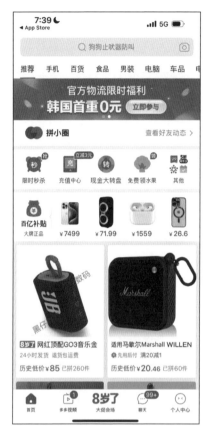

9-1 핀둬둬(Pinduoduo)

여러분은 이제 주문이 들어오면 스마트스토어 또는 쿠팡의 경쟁 판매자 상품 썸네일 위에서 그림 9-1의 검색창 옆에 있는 카메라 버튼을 누르면 됩니다. 그러면 핀둬둬에서 가격비교를 해주기 때문에 실시간으로 마진 차이가 얼마나 나는지 알 수 있습니다. 내가 올린 상품이 주문이 들어왔을 때 타오바오와 핀둬둬에서 비교해보고 더 저렴한 상품을 구매하면 됩니다.

센스 있는 분은 눈치채셨겠지만 이런 기능 때문에 핀둬둬는 현재 앱으로만 할 수 있고, 현 시점에는 비자나 마스터 카드로 구매는 가능하지만, 중국어를 모르면 결제하기 어려운 부분이 있습니다. 그래서 실제 주문은 중국 배대지에 맡겨서 주문 처리하는 게 훨씬 수월합니다.

<u>테무</u>

핀둬둬가 중국 내수 시장을 위한 앱이라면 '테무'(Temu)는 핀둬둬의 글로벌 사이트입니다. 테무는 중국이 아닌 전 세계 고객을 대상으로 오픈되어 있는 핀둬둬의 계열사입니다. 마치 알리바바 그룹 산하에 중국 내수시장은 타오바오, 글로벌 시장은 알리익스프레스인 것처럼, 핀둬둬는 중국 내수시장을, 글로벌 시장은 테무를 통해서 공략하고 있습니다.

테무는 글로벌 사이트라 한국에서도 쉽게 구매할 수 있고, 핀둬둬의 카메라 기능처럼 테무도 카메라 버튼을 누르고 찾고 싶은 경쟁사 썸네일을 비추고 있으면 알아서 가격비교로 상품을 찾아줍니다. 테무는 알리익스프레스처럼 한국 내 직배송을 하고 있어서 배대지를 사용하지 않아도 됩니다.

9-2 테무(Temu)

해외구매대행 파괴자들

이처럼 핀둬둬와 테무는 아직 중국구매대행 사업자들에게 많이 알려지지 않았으며, 어떻게 활용하는지 모르는 분들이 많습니다. 이제 이 책을 통해서 두 사이트가 노출되는 순간 똑똑한 솔루션이나 판매자들은 알리익스프레스와 타오바오 소싱을 넘어서 핀둬둬와 테무에서 구매대행을 하려고 할 것입니다. 그러니 얼른 해당 사이트를 분석해서 여러분의 사업에 잘 적용해보시길 바랍니다.

CKB

현재 극초기인 'CKB'(https://s.theckb.com/)에 주목해야 합니다. 이 사이트는 중국 1688 공식 파트너로서 1688 상품을 전 세계 사람들이 쉽게 구매하고 배송받을 수 있도록 설계되어 있습니다.

9-3 CKB

우리는 지금 타오바오 상품을 구매대행으로 팔지만 이 중에서 인기 있는 상품을 발굴해서 1688에서 대량으로 사입해서 국내 배송으로 팔아야 경쟁력이 있습니다. 그런데 1688은 중국 내수 시장을 위해 만든 도매 사이트이기 때문에 중국 현지 계좌가 있어야 구매가 가능합니다. 그래서 현재는 대부분 중국 배대지를 통해서 구매대행으로 구매를 하고 있는 상황입니다.

그런데 CKB는 한국 쇼핑몰처럼 되어 있어서 1688의 상품을 이곳에서 검색해서 직접 원화로 구매할 수 있습니다. 상품 검수부터 배송까지 직접 해주고 있으며, 1688 구매대행 수수료를 받지 않고 오직 물류에서만 이익을 남기고 있습니다.

또 1688뿐만 아니라 타오바오 상품까지 원화로 구매할 수 있기 때문에 앞으로 중국구매대행 사업자들이 현지 배대지를 이용하지 않고 CKB를 통해서 구매대행 사업을 할 확률이 높아질 것 같습니다. 물론 구매대행 수수료는 받지 않는 대신 월 회비를 받으면서 운영하는 회원제 서비스이기에 얼마나 많은 사업자들이 이곳을 이용할지 지켜봐야 할 것 같습니다. 하지만 분명한 것은 타오바오뿐만 아니라 중국 현지 계좌가 있어야 하는 1688 상품을 원화로 쉽게 구매할 수 있다는 장점은 국내 도매업자들에게도 반가운 소식이 아닐 수 없습니다.

자! 이제 제 이야기를 마무리하려고 합니다.

해외구매대행 사업은 점점 경쟁이 치열해지는 레드오션이 될 것입니다. 따라서 해외구매대행 사업을 통해서 본인만의 아이템을 잘 발굴하고, 그 이후에는 제대로 된 사업을 통해서 유통 마진과 경쟁력을 갖추는 것을 목표로 사업을 시작하는 것을 추천합니다.

구파스는 그동안 해외구매대행 사업자들이 수동으로 수없이 반복했던 작업들을 한 번에 해결해줍니다. 아이템 소싱에 대한 고민과 수동으로 무식하게 했던 상품등록의 모든 과정을 자동화했습니다. 경쟁 판매자만 찾아서 등록하면 그 이후로 상품 수집 → 번역 → 상품등록 → 주문 → 배송 심지어 C/S까지 해결해줍니다. 단순 반복하는 일들은 아웃소싱으로 넘기고, 판매자는 오직 잘 팔고 있는 경쟁 판매자만 찾으면 됩니다. 경쟁 판매자를 잘 찾을 수 있는 데이터 솔루션을 활용하면 이 시간도 최대한 줄일 수 있습니다.

구파스는 해외구매대행 시장을 죽이려는 것이 아닙니다. 구파스 패밀리가 되어서 다른 경쟁 판매자보다 매출은 더 많이 내면서, 일하는 시간은 최대한 줄이고, 최소한의 투자로 최대의 효율을 낼 수 있는 진정한 사업가로 거듭나시길 바랍니다.

끝으로 여러분께 당부하고 싶은 것은 이것입니다.

이 책을 비롯해 돈 버는 법에 관한 수많은 책과 유튜브에 나오는 내용을 반드시 실행에 옮기라는 것입니다. 정보를 받아들이고 나만의 것으로 만드는 열정과 실행력이 있어야 합니다. 그렇지 않으면 그 어떤 사업도 성공할 수 없음을 명심하시기 바랍니다.

지금 바로 시작하십시오. 저는 여러분과 함께 성장할 수 있도록 끊임없이 연구하고, 실행하고, 개선하고 있겠습니다.

감사합니다.

지금까지 글로벌셀러창업연구소

안영신 소장이었습니다.